Beginner's Danish Word Searches

Volume 1

Compiled by Erik Zidowecki

A LangSearch book.
Published by Scriveremo Publishing, a division of Parleremo Languages.

ISBN-13: 978-1987707779
ISBN-10: 198770777X

Introduction

Danish is a North Germanic language spoken by around six million people, mainly in Denmark. It has minority language status in northern Germany, and there are minor Danish-speaking communities found in several countries including the United States.

Along with other North Germanic languages, Danish is descended from Old Norse, the common language of the Germanic peoples of Scandinavia.

Instructions

Words are listed with English translations.

Parts of speech are given in [].

c = common noun   cp = common plural
n = neuter noun   np = neuter plural
adj = adjective   adv = adverb
num = number   v = verb

Find all the word in the grid of letters.

Words may be in any direction vertically, horizontally and diagonally.

Puzzle #1

ø	k	g	c	r	r	n	j	i	h	s	e	i	u	æ	k	g	c	t	w	å	o	n	m	p
a	æ	g	t	t	g	b	r	e	n	å	j	w	y	ø	å	s	æ	r	e	d	o	l	c	æ
d	x	e	z	s	v	æ	a	u	i	s	a	y	c	y	a	j	b	g	o	l	n	c	c	g
o	x	b	o	l	k	f	å	i	a	æ	p	e	r	g	s	y	g	a	k	ø	k	g	u	b
t	a	h	b	t	o	j	m	ø	ø	h	v	i	s	p	i	m	t	b	y	n	i	k	s	i
i	p	d	t	d	u	h	o	x	y	n	s	z	n	b	y	k	u	p	m	e	i	t	y	x
f	r	v	s	å	b	x	c	r	y	b	e	i	u	a	m	k	z	x	s	a	a	b	b	n
o	o	m	æ	w	z	f	n	l	t	a	m	h	r	ø	c	x	t	a	i	s	æ	f	å	h
ø	t	r	i	k	s	s	s	e	m	e	l	w	c	g	m	h	c	r	k	s	ø	e	k	c
m	ø	f	x	n	d	d	å	z	d	a	d	h	å	t	i	t	n	e	e	s	h	å	g	p
n	s	p	i	n	a	t	o	o	e	e	f	y	ø	j	i	r	z	e	h	f	m	s	u	i
t	w	x	e	m	m	c	g	h	å	b	r	h	o	u	z	k	r	i	k	d	f	v	y	æ
r	s	g	i	p	x	z	ø	u	n	o	r	d	s	s	ø	t	r	t	b	k	i	u	z	p
c	a	x	p	f	b	j	s	a	b	ø	v	a	e	p	d	t	y	p	i	d	ø	x	k	v
m	s	i	å	z	d	a	r	b	e	z	å	p	u	l	y	z	b	g	l	l	æ	k	c	v

Find all Danish and English words in the puzzle.

Danish	English
skjorte *[c]*	shirt
kuffert *[c]*	suitcase
zebra *[c]*	zebra
gris *[c]*	pig
taske *[c]*	bag
nederdel *[c]*	skirt
spinat *[c]*	spinach
æg *[n]*	egg
køkken *[n]*	kitchen
hud *[c]*	skin

1

Puzzle #2

d	å	y	o	l	t	u	n	e	m	d	e	j	x	y	r	s	k	å	å	r	j	e	m	e
a	g	v	x	z	m	o	k	ø	j	d	v	h	l	x	m	o	h	å	n	n	a	n	i	n
m	e	y	a	i	h	c	p	o	x	y	t	j	ø	g	j	o	i	æ	v	u	d	i	æ	d
s	n	c	i	c	m	æ	o	y	o	w	y	e	s	o	o	g	d	t	a	k	t	k	w	s
n	i	j	g	a	a	o	u	t	m	r	n	b	f	h	z	æ	a	æ	h	h	o	s	g	g
e	w	x	å	p	p	m	r	r	c	z	a	z	x	u	z	d	m	æ	t	å	b	a	l	r
t	j	x	v	å	o	a	i	u	h	o	g	j	a	d	e	i	u	f	s	æ	m	g	m
f	u	r	f	r	p	z	k	l	t	g	n	s	n	d	b	æ	s	b	u	z	j	e	v	e
a	r	h	f	r	z	c	ø	u	l	p	n	l	v	a	c	v	r	a	l	s	z	k	f	n
n	e	e	i	i	l	n	æ	o	d	m	k	æ	i	k	k	ø	å	n	l	c	k	s	h	u
n	æ	a	e	i	g	t	s	g	k	b	c	d	k	k	d	l	p	e	k	a	m	a	t	e
æ	æ	r	j	w	a	s	h	i	n	g	m	a	c	h	i	n	e	u	e	l	m	v	y	o
m	w	e	t	a	a	v	z	i	b	r	e	a	d	c	u	p	y	z	a	a	å	a	m	r
d	i	n	n	e	r	e	ø	v	å	g	z	n	u	j	p	l	v	j	r	j	r	c	a	x
b	i	m	d	y	r	t	g	å	s	t	i	c	e	c	r	e	a	m	g	x	å	t	f	l

Find all Danish and English words in the puzzle.

Danish	**English**
kænguru *[c]*	kangaroo
vaskemaskine *[c]*	washing machine
lama *[c]*	llama
aftensmad *[c]*	dinner
is *[c]*	ice-cream
kop *[c]*	cup
lufthavn *[c]*	airport
gås *[c]*	goose
brød *[n]*	bread
menu *[c]*	menu

Puzzle #3

b	m	s	a	n	k	e	l	n	æ	c	k	p	å	w	æ	i	å	z	v	b	v	k	v	x
o	z	e	p	l	u	l	o	b	n	f	i	e	m	å	h	s	i	p	ø	e	y	y	b	p
w	e	y	i	æ	c	l	r	x	w	u	l	a	e	s	l	a	i	f	a	c	f	m	i	l
v	h	u	å	c	e	j	i	e	f	e	l	v	e	h	a	m	u	l	s	n	m	w	w	f
d	g	x	x	m	b	d	y	d	d	r	k	v	u	o	c	a	i	u	y	x	æ	g	j	ø
n	p	s	a	m	a	j	y	p	x	d	i	g	c	f	g	j	y	j	v	c	v	w	i	x
a	j	a	a	e	h	i	r	æ	c	t	ø	d	ø	x	ø	y	h	w	m	d	u	å	v	j
h	u	l	æ	a	h	a	y	p	a	h	l	f	t	l	d	p	p	w	m	c	j	f	t	s
å	t	å	n	t	æ	k	t	l	n	o	l	e	m	y	t	s	k	j	p	æ	i	ø	æ	j
f	s	k	l	i	m	d	e	e	ø	o	k	e	e	d	z	e	k	i	æ	f	l	j	j	j
s	l	z	p	e	h	r	g	w	e	e	r	g	y	p	u	k	e	p	n	w	v	k	i	o
e	t	j	j	s	a	c	v	x	v	h	e	g	e	p	a	r	d	f	w	d	p	m	j	d
o	b	e	r	l	n	x	å	x	y	a	c	h	k	t	t	n	b	n	h	s	s	g	p	u
t	w	å	p	s	d	u	x	c	h	x	o	p	s	z	u	e	æ	y	g	w	s	ø	t	p
å	e	g	n	i	n	t	g	æ	l	s	y	m	k	u	e	e	k	d	e	j	å	h	v	e

Find all Danish and English words in the puzzle.

Danish	English
ankel [c]	ankle
fødder [cp]	feet
pyjamas [c]	pyjamas
mælk [c]	milk
slægtninge [cp]	relatives
gepard [c]	cheetah
kind [c]	cheek
lam [n]	lamb
melon [c]	melon
hand [c]	hand

3

Puzzle #4

z	v	e	z	ø	æ	o	æ	z	z	z	j	a	b	r	r	o	p	p	v	b	i	w	d
h	a	e	u	f	ø	g	o	d	e	e	x	p	æ	u	å	e	b	k	w	l	a	g	ø	s
i	b	c	d	w	a	t	e	r	k	e	l	k	x	i	h	t	i	g	r	m	o	n	w	b
ø	x	d	i	r	h	r	æ	v	r	i	v	v	l	s	c	n	d	y	m	t	f	i	d	a
o	x	o	i	a	a	w	b	p	i	t	i	v	ø	k	b	a	u	ø	g	r	m	d	y	g
l	r	i	a	h	s	u	b	f	x	k	l	ø	p	i	v	p	o	s	o	m	p	g	p	æ
d	g	e	p	e	w	m	j	ø	j	c	p	j	e	g	a	t	e	j	i	y	p	o	f	a
f	i	o	t	r	v	w	z	å	l	e	z	t	m	g	d	i	s	n	g	s	a	z	i	d
v	d	w	k	o	l	å	ø	k	g	n	f	ø	m	i	y	x	g	p	b	s	l	v	x	w
d	n	v	u	o	t	s	h	n	k	s	m	l	ø	g	x	p	r	e	h	t	n	a	p	t
y	e	e	f	l	n	p	j	i	b	h	m	l	v	z	o	u	f	e	ø	ø	x	i	g	æ
i	c	t	o	f	o	i	r	r	p	l	p	r	s	o	u	t	y	h	y	g	w	j	c	x
ø	a	d	n	å	u	l	d	d	p	w	g	a	l	w	w	l	w	s	s	j	u	d	æ	e
g	f	å	g	r	k	s	v	o	e	x	o	d	r	i	k	k	e	a	n	s	i	g	t	o
p	d	h	b	a	z	å	y	t	x	d	z	c	f	p	n	n	j	n	e	k	s	a	t	n

Find all Danish and English words in the puzzle.

Danish	**English**
svømmepøl *[c]*	swimming pool
etage *[c]*	floor
slips *[n]*	necktie
panter *[c]*	panther
taske *[c]*	bag
får *[n]*	sheep
hår *[n]*	hair
drikke *[v]*	to drink
ansigt *[n]*	face
vand *[n]*	water

Puzzle #5

j	m	m	e	p	r	c	y	i	x	a	e	c	æ	h	w	æ	f	æ	j	l	r	x	u	v
c	d	i	a	a	m	ø	å	l	e	e	c	u	t	t	e	l	a	b	j	s	w	v	a	w
t	k	r	e	å	u	x	g	d	y	j	j	d	g	w	s	z	r	i	w	k	t	t	z	v
d	b	p	v	u	p	b	a	å	g	i	r	s	d	n	n	o	j	z	f	i	s	b	m	g
d	e	p	w	v	n	v	z	x	x	m	e	o	t	s	o	y	j	w	o	l	o	j	f	u
a	v	z	a	o	r	v	h	e	t	w	e	å	r	m	x	p	m	l	d	d	o	u	a	m
e	v	w	z	z	t	æ	a	u	e	a	r	s	w	r	w	s	b	å	d	p	d	t	u	m
r	d	l	h	v	a	ø	h	h	c	r	l	ø	i	æ	i	æ	f	ø	æ	a	v	i	f	h
b	s	y	s	l	s	i	a	å	t	y	æ	a	e	o	r	m	r	y	l	d	t	å	o	c
r	e	k	k	u	s	m	r	y	f	f	l	p	s	k	t	b	f	d	v	d	k	f	s	v
n	p	g	a	t	t	å	c	p	f	u	u	ø	d	l	v	r	o	h	n	e	n	p	u	å
b	p	b	b	a	b	æ	j	n	o	p	b	l	h	j	k	æ	o	a	r	k	v	n	g	e
n	b	f	s	b	å	t	s	o	k	r	f	k	r	e	l	k	r	t	o	m	y	ø	a	a
k	æ	v	i	n	ø	w	u	o	ø	p	t	g	æ	p	n	c	n	ø	c	å	b	e	r	i
z	f	i	y	a	d	n	i	m	j	o	i	g	j	s	t	i	n	j	j	a	k	w	w	s

Find all Danish and English words in the puzzle.

Danish	English
salat *[c]*	lettuce
lufthavn *[c]*	airport
kost *[c]*	broom
skildpadde *[c]*	tortoise
spejl *[n]*	mirror
brød *[n]*	bread
pære *[c]*	pear
majs *[c]*	corn
sukker *[n]*	sugar
tag *[n]*	roof

Puzzle #6

p	x	z	n	t	å	k	ø	l	e	s	k	a	b	x	g	e	f	y	r	r	j	j	s	d
j	e	s	t	n	f	z	r	a	o	f	d	m	r	l	o	a	l	y	j	v	b	y	d	y
g	f	d	å	a	f	s	e	m	l	r	u	f	y	z	j	y	o	t	o	æ	v	n	æ	e
l	n	b	w	f	w	z	z	d	o	n	k	e	y	l	d	t	v	å	t	d	å	m	v	æ
y	v	u	e	e	a	o	z	b	d	y	ø	p	k	i	r	s	f	k	c	o	l	c	n	t
o	ø	a	l	l	t	æ	g	i	y	l	o	f	k	u	f	a	b	a	w	f	b	x	n	å
s	h	o	x	e	e	w	ø	e	p	a	u	r	m	t	ø	s	e	w	s	t	f	o	w	m
t	l	e	s	æ	r	e	f	r	i	g	e	r	a	t	o	r	ø	k	n	p	p	z	a	å
o	g	l	e	f	f	a	g	z	f	n	æ	b	å	e	g	c	u	a	z	ø	f	m	e	t
æ	l	x	ø	e	m	l	a	r	å	l	l	l	k	l	l	d	h	r	i	u	j	z	y	i
k	s	w	v	v	l	k	i	r	y	e	a	j	b	c	u	p	k	s	e	u	s	z	a	d
x	r	m	å	a	r	r	a	z	n	i	ø	s	w	ø	e	n	æ	y	t	w	x	ø	l	l
y	f	o	a	n	v	e	y	w	f	p	b	a	k	l	å	e	g	t	r	i	o	ø	ø	i
c	i	z	f	d	f	z	f	i	t	n	å	e	e	e	d	k	e	e	j	o	s	u	f	g
a	x	u	v	c	w	l	a	o	n	e	j	k	g	c	r	h	u	ø	å	g	l	a	m	ø

Find all Danish and English words in the puzzle.

Danish	**English**
gaffel *[c]*	fork
ur *[n]*	clock
køleskab *[n]*	refrigerator
elefant *[c]*	elephant
æsel *[n]*	donkey
vand *[n]*	water
flaske *[c]*	bottle
lunge *[c]*	lung
bord *[n]*	table
tidlig *[adj]*	early

Puzzle #7

w	f	p	x	i	y	å	m	k	s	v	t	s	o	j	t	p	b	e	o	o	c	f	æ	t
j	d	e	e	r	c	l	e	v	b	n	x	s	v	w	d	a	r	t	p	n	l	y	s	a
g	b	a	æ	l	w	y	r	f	æ	a	u	u	e	l	g	ø	n	r	a	p	g	s	h	h
j	å	l	h	f	y	p	a	å	k	v	n	e	m	l	w	s	m	o	k	b	g	k	v	x
u	r	w	d	c	j	x	g	h	i	t	r	a	l	b	t	b	o	j	w	å	r	æ	e	c
g	r	f	l	u	n	s	n	n	r	e	ø	a	n	e	s	s	z	k	ø	g	k	i	u	v
u	æ	ø	æ	i	o	u	k	x	t	z	w	w	d	a	h	v	p	s	f	b	e	å	d	z
y	o	v	u	w	w	m	l	s	o	w	c	s	o	k	g	å	e	p	g	f	p	w	f	æ
j	r	k	g	j	x	k	i	h	d	b	ø	å	e	å	d	g	d	a	i	l	h	å	y	f
s	i	j	æ	z	c	s	j	å	æ	s	s	h	i	r	t	å	æ	n	m	f	g	s	s	k
b	a	i	z	o	p	o	a	s	t	n	i	å	r	ø	e	å	k	t	s	o	k	o	r	f
a	å	c	l	e	r	æ	m	e	a	m	p	d	f	ø	x	t	ø	ø	w	r	ø	u	r	ø
z	v	c	t	t	v	ø	r	n	r	y	å	l	h	s	j	f	t	a	m	b	e	k	æ	w
ø	ø	s	m	w	r	e	a	d	t	j	f	r	z	ø	s	æ	h	u	m	å	d	d	e	o
s	f	å	å	f	g	b	l	å	s	n	g	r	e	d	y	g	e	w	b	k	å	g	a	b

Find all Danish and English words in the puzzle.

Danish	English
smør *[n]*	butter
skjorte *[c]*	shirt
banan *[c]*	banana
hjort *[c]*	deer
stedsøster *[c]*	stepsister
væg *[c]*	wall
kniv *[c]*	knife
ur *[n]*	clock
frokost *[c]*	lunch
nøgle *[c]*	key

7

Puzzle #8

s	u	b	s	w	i	m	m	i	n	g	p	o	o	l	o	e	v	o	t	s	e	c	d	n
i	t	n	j	e	i	f	j	m	h	f	h	k	r	a	n	b	g	s	k	i	r	t	b	l
s	g	a	v	a	p	å	p	h	z	t	e	l	ø	p	e	m	m	ø	v	s	k	v	e	y
y	i	ø	x	r	a	o	m	j	y	o	g	ø	e	i	j	m	b	r	e	j	e	f	a	m
w	e	c	y	x	r	g	c	m	r	t	c	b	z	z	f	l	i	å	o	a	i	c	l	t
x	ø	r	å	j	e	k	a	g	a	t	e	ø	m	o	e	t	e	l	w	n	r	t	l	n
ø	j	r	d	t	n	c	u	z	e	d	s	y	o	d	n	p	e	t	k	c	u	ø	e	i
z	l	s	k	l	t	b	u	z	f	f	d	r	r	y	t	a	o	b	s	c	i	å	r	x
r	d	å	b	n	æ	s	a	k	k	g	a	e	ø	v	m	r	i	d	i	t	k	y	b	n
p	g	f	p	z	i	r	d	å	l	w	d	b	z	s	å	a	æ	z	a	æ	d	c	m	a
k	k	b	ø	r	m	v	o	o	n	e	m	t	e	æ	l	p	r	p	l	a	f	c	u	a
b	æ	f	r	f	m	j	t	f	n	e	r	i	s	k	t	l	l	h	k	b	z	i	a	å
o	r	n	e	p	z	u	t	e	a	w	å	x	w	w	i	y	w	v	j	a	r	m	a	y
r	y	n	æ	u	k	x	w	l	s	s	e	r	d	v	d	k	o	m	f	u	r	g	j	m
p	v	s	v	å	p	h	p	h	a	c	m	d	n	a	v	i	e	t	æ	n	m	j	ø	j

Find all Danish and English words in the puzzle.

Danish	English
forældre *[c]*	parent
svømmepøl *[c]*	swimming pool
tag *[n]*	roof
kjole *[c]*	dress
måltid *[n]*	meal
komfur *[n]*	stove
øre *[n]*	ear
paraply *[n]*	umbrella
nederdel *[c]*	skirt
kniv *[c]*	knife

Puzzle #9

a	m	o	u	s	e	o	e	n	m	u	s	i	i	z	k	d	u	s	t	å	g	g	w	s
y	l	t	y	c	w	e	s	z	h	n	s	h	e	e	t	u	å	l	f	o	j	r	k	b
g	x	d	v	f	s	s	r	t	c	t	æ	n	v	j	ø	å	m	o	y	i	i	r	j	m
j	a	k	m	y	a	i	o	a	n	v	o	w	w	s	o	z	l	o	å	g	a	l	m	v
y	c	d	p	i	i	o	h	e	u	ø	o	æ	m	b	e	x	s	r	t	y	g	m	e	t
æ	w	k	r	f	t	t	m	d	l	å	b	k	j	z	v	n	k	c	z	s	s	å	s	t
s	u	e	v	f	y	r	z	d	å	w	l	l	o	å	p	c	g	v	j	j	e	j	p	p
j	j	n	e	k	a	o	d	a	y	j	t	s	o	k	o	r	f	j	s	z	w	h	ø	e
c	y	t	ø	j	j	t	o	p	p	k	g	å	v	s	j	x	f	e	s	ø	s	ø	c	n
a	p	b	y	p	c	h	f	d	f	t	x	w	k	w	a	c	v	z	y	o	w	c	l	x
f	z	c	k	t	p	z	k	l	v	u	f	h	y	f	o	b	p	y	c	ø	b	l	o	r
b	t	e	l	i	o	t	b	i	e	k	y	e	x	z	c	w	k	k	m	o	w	b	t	p
i	c	z	p	a	p	j	f	k	i	w	f	b	l	g	k	g	s	i	n	n	z	a	h	t
g	h	h	z	å	d	d	k	s	p	ø	r	e	k	k	o	s	n	c	a	z	o	j	e	l
x	p	w	g	o	r	f	n	ø	r	f	w	n	g	æ	t	d	e	b	n	h	w	j	s	c

Find all Danish and English words in the puzzle.

Danish	English
frokost *[c]*	lunch
toilet *[n]*	toilet
seng *[c]*	bed
skildpadde *[c]*	tortoise
sokker *[cp]*	socks
mus *[c]*	mouse
tøj *[cp]*	clothes
frø *[c]*	frog
hest *[c]*	horse
ark *[n]*	sheet

Puzzle #10

z	p	c	z	h	u	w	o	g	å	u	f	k	æ	k	h	r	a	u	g	a	j	r	f	ø
m	l	æ	n	r	a	b	e	n	r	a	b	v	h	t	u	d	e	l	b	j	l	x	t	ø
m	x	t	e	y	y	å	h	h	r	d	i	t	s	z	z	w	o	k	x	p	k	p	f	j
f	k	n	i	æ	c	i	c	a	l	a	n	o	h	v	r	h	u	r	k	z	o	m	t	z
f	y	k	a	s	i	f	u	p	k	e	s	e	k	e	z	m	n	t	e	a	s	m	p	g
e	k	c	l	a	s	g	m	l	r	p	b	j	t	b	e	k	i	x	l	l	j	a	s	z
b	n	å	t	w	a	x	l	a	ø	l	å	æ	g	s	ø	t	b	h	x	e	u	æ	s	m
k	h	æ	r	j	x	m	p	o	h	y	e	n	a	e	o	d	i	u	i	ø	g	g	k	n
s	ø	æ	y	k	c	h	e	e	s	e	k	u	x	w	b	k	m	o	o	r	b	v	j	a
w	y	z	z	h	æ	d	n	a	p	s	x	æ	s	m	n	w	s	a	u	u	r	e	n	i
j	c	a	r	r	o	t	b	i	c	k	m	s	z	å	p	z	t	e	k	c	a	j	l	g
b	e	o	z	l	x	r	b	v	p	r	i	c	e	e	d	o	t	m	å	r	c	o	h
å	f	r	n	o	m	w	x	i	z	æ	z	c	z	w	b	p	r	i	s	s	ø	f	f	a
i	p	b	m	z	z	m	p	l	c	d	l	i	h	c	d	n	a	r	g	u	m	l	n	j
g	x	u	f	o	r	æ	l	d	r	e	a	h	e	b	æ	l	i	a	p	u	y	r	b	o

Find all Danish and English words in the puzzle.

Danish	**English**
pris *[c]*	price
gulerod *[c]*	carrot
ost *[c]*	cheese
kost *[c]*	broom
barnebarn *[n]*	grandchild
jakke *[c]*	jacket
forældre *[c]*	parent
jaguar *[c]*	jaguar
spand *[c]*	pail
hyæne *[c]*	hyena

Puzzle #11

x	h	u	b	s	y	d	v	e	æ	æ	c	m	p	o	s	u	b	w	u	f	l	e	h	s
c	l	a	m	b	å	d	o	e	p	æ	l	ø	t	i	l	f	l	t	c	k	v	c	l	å
e	t	y	j	j	r	e	h	s	i	e	v	a	v	ø	t	i	k	b	r	i	n	w	s	x
k	ø	x	y	n	t	b	e	s	c	s	t	n	a	r	o	z	a	a	r	n	x	z	z	w
b	j	s	z	r	x	p	l	r	p	o	e	b	o	w	e	m	æ	x	r	d	e	l	z	k
c	h	e	e	k	p	z	y	a	p	k	n	h	h	h	f	g	s	v	y	n	u	å	j	k
b	x	k	æ	l	ø	e	b	n	f	a	t	t	a	l	o	c	o	ø	x	g	å	k	b
e	å	e	t	å	z	a	x	e	c	k	t	r	r	o	e	g	e	h	z	y	t	r	j	h
u	o	l	o	æ	æ	k	m	y	d	s	e	m	t	e	l	w	g	x	w	f	n	h	ø	d
s	y	ø	n	ø	x	ø	p	j	l	æ	a	t	b	o	s	c	e	æ	i	p	u	g	r	o
t	t	p	n	o	y	r	v	g	i	h	a	w	k	å	f	s	ø	o	m	x	å	å	w	b
e	æ	z	f	r	y	i	n	g	p	a	n	z	d	v	u	f	e	e	d	n	a	p	b	k
ø	h	e	n	i	h	t	r	e	s	s	e	d	m	m	p	n	e	d	z	y	j	z	m	u
u	b	y	å	i	m	e	d	æ	å	c	c	e	o	y	m	x	l	l	j	k	b	s	k	o
a	d	ø	h	k	å	k	h	y	l	d	e	i	i	ø	j	j	u	o	n	j	j	g	l	j

Find all Danish and English words in the puzzle.

Danish	English
pande *[c]*	frying pan
tæppe *[n]*	blanket
lam *[n]*	lamb
hylde *[n]*	shelf
høg *[c]*	hawk
dessert *[c]*	dessert
kind *[c]*	cheek
tøj *[cp]*	clothes
høne *[c]*	hen
kartoffel *[c]*	potato

Puzzle #12

å	c	i	p	n	v	d	b	o	x	w	i	r	æ	f	p	l	p	c	ø	k	c	n	p	g
z	v	p	c	a	g	k	t	e	i	r	g	j	g	s	k	ø	å	r	f	r	j	w	t	w
m	i	a	g	æ	m	o	u	t	h	n	o	v	ø	c	æ	p	y	e	n	æ	n	a	t	v
u	k	n	x	m	n	x	g	n	u	m	e	s	j	g	n	e	r	v	g	v	a	l	å	o
e	h	j	i	g	b	e	z	p	r	p	w	x	i	æ	r	m	t	n	d	g	f	l	v	i
n	z	b	t	h	s	e	e	f	w	i	å	c	m	i	z	m	s	t	n	a	ø	e	j	k
g	n	p	l	i	c	g	o	l	m	g	å	b	c	r	w	ø	a	w	u	b	e	t	æ	o
e	k	æ	d	f	n	a	u	m	l	ø	j	z	a	o	x	v	p	z	m	m	s	c	o	c
å	h	a	j	e	u	k	i	m	y	k	f	d	æ	y	ø	s	r	v	å	r	i	z	l	å
t	r	b	p	å	x	n	d	s	d	a	i	ø	w	y	b	g	p	a	c	e	o	m	t	r
a	e	ø	r	v	g	w	p	t	s	s	d	w	ø	h	y	h	k	k	ø	d	t	h	e	e
e	g	c	y	p	o	æ	t	v	h	o	l	m	o	g	u	a	a	l	i	a	r	p	z	h
w	r	x	o	r	e	b	t	i	i	i	f	æ	l	s	p	m	g	m	f	o	c	i	t
å	y	o	g	c	å	y	b	b	p	v	s	k	ø	s	k	h	a	t	e	h	t	n	o	a
l	l	d	æ	k	f	g	k	e	y	j	c	u	e	d	d	a	p	d	l	i	k	s	d	f

Find all Danish and English words in the puzzle.

Danish	English
svømmepøl *[c]*	swimming pool
kage *[c]*	cake
skildpadde *[c]*	tortoise
hage *[c]*	chin
radise *[c]*	radish
fader *[c]*	father
kasse *[c]*	box
pengepung *[c]*	wallet
mund *[c]*	mouth
bagværk *[n]*	pastry

Puzzle #13

g	t	b	p	r	n	l	a	e	y	e	x	a	k	f	d	f	t	x	r	s	e	å	t	y
p	e	d	c	n	l	i	w	t	s	z	i	d	a	l	l	i	r	o	g	k	f	n	w	o
j	h	z	d	n	w	a	x	æ	m	w	c	u	v	v	l	w	z	r	k	r	l	å	k	s
b	v	m	j	o	j	n	n	k	k	e	u	n	y	å	h	s	p	a	k	l	c	v	h	o
j	e	n	j	i	l	r	r	m	å	v	k	d	z	a	j	n	j	h	k	ø	l	ø	v	i
g	a	s	æ	l	v	e	s	e	m	r	æ	x	c	g	e	v	å	b	c	l	e	m	å	ø
r	n	c	k	p	l	g	v	b	d	a	r	n	v	g	c	j	j	o	h	c	e	v	ø	l
k	ø	ø	k	d	j	n	w	æ	w	o	e	p	l	o	m	å	a	w	v	l	å	x	o	u
f	e	k	k	e	p	i	k	h	s	y	m	r	x	j	n	å	å	l	z	v	r	i	w	t
d	v	o	z	s	t	f	v	v	r	a	y	x	c	w	n	f	x	i	z	x	c	å	g	e
m	e	e	s	o	n	j	e	e	a	g	y	i	a	e	x	m	n	a	e	s	d	o	r	ø
ø	ø	k	w	l	y	u	h	s	z	t	e	d	t	z	c	w	t	e	o	k	v	i	w	r
y	g	l	s	p	a	t	j	w	m	d	æ	u	p	a	w	i	c	x	u	ø	ø	s	o	j
ø	m	t	z	e	o	y	s	o	f	u	b	t	g	a	g	o	b	e	g	a	s	s	e	m
å	f	d	v	m	b	n	m	v	s	g	o	r	i	l	l	a	a	i	n	x	v	k	d	æ

Find all Danish and English words in the puzzle.

Danish	**English**
løve *[c]*	lion
jakke *[c]*	jacket
moder *[c]*	mother
is *[c]*	ice-cream
gorilla *[c]*	gorilla
ko *[c]*	cow
negl *[c]*	fingernail
næse *[c]*	nose
skål *[c]*	bowl
besked *[c]*	message

13

Puzzle #14

u	ø	l	a	m	ø	g	g	w	k	æ	h	p	å	f	p	a	r	b	e	z	m	h	p	c
g	h	p	v	u	n	c	u	x	z	p	l	t	æ	t	l	c	e	r	e	d	y	r	g	x
h	å	l	z	z	a	o	m	c	o	r	g	r	l	u	k	n	i	v	m	n	l	s	f	d
æ	å	n	a	a	n	x	o	t	x	y	e	e	æ	a	b	a	f	k	ø	s	å	s	v	p
p	å	z	o	i	ø	å	n	p	x	v	m	j	l	l	e	m	o	n	l	v	j	y	b	u
a	x	ø	e	x	t	p	b	w	s	æ	i	g	a	p	æ	t	d	x	d	h	s	n	a	p
j	ø	t	c	b	p	p	v	d	t	r	i	c	u	y	z	y	æ	v	x	j	k	j	å	c
g	a	z	i	x	r	å	l	h	æ	s	j	t	u	a	s	o	a	b	h	e	e	j	y	h
o	y	p	t	e	f	a	ø	å	r	z	d	x	m	o	u	s	e	k	æ	r	n	m	h	o
g	m	z	r	z	g	u	b	m	a	l	w	f	s	v	s	s	j	l	h	n	n	d	m	s
f	u	p	o	y	z	e	g	p	y	ø	å	f	j	e	r	n	s	y	n	e	i	e	d	i
n	s	t	n	å	z	h	f	t	t	m	y	o	d	o	x	ø	g	b	a	ø	a	u	r	f
f	i	g	x	m	k	g	å	i	d	i	å	x	o	u	d	z	n	n	h	u	r	k	w	p
c	m	z	a	u	v	n	i	g	n	j	j	y	o	g	e	i	r	g	h	m	b	ø	y	o
f	m	w	e	w	z	s	z	l	æ	k	f	x	n	o	i	s	i	v	e	l	e	t	j	u

Find all Danish and English words in the puzzle.

Danish	**English**
citron *[c]*	lemon
fjernsyn *[n]*	television
mus *[c]*	mouse
hjerne *[c]*	brain
kniv *[c]*	knife
ske *[c]*	spoon
lam *[n]*	lamb
gryde *[c]*	pot
zebra *[c]*	zebra
ræv *[c]*	fox

Puzzle #15

```
å l l a x g p x t g l r m e v a r e n æ y h z u p
m d e m x d e h u s y w s w n u j y b k p l v å u
t n u a o t n l y e o h p g o r i l l a b y x t e
l j n a ø o s a z f l r k e j k c c x j v g m i t
x j p j z f r h t u i e ø t r o r b d e t s v a
y v e r v å e g y d o ø i c x n r r n m r s e a n
x f u f k v h u n e å u c a o b a r v å h f w p e
b k t å g e t z o i h o g y a n j t å c c z å m y
n x s y x a o r z l n w z k f l i m h e u a a w h
n f e b k b r e c v ø i f f o e j h a ø o w f x e
ø v s a e v b h x g p x d n s å y p r i c h c k g
j k i u ø p p ø e a j r ø e j ø p e c y å n s å n
m h p n æ s e h o r n i l v i p i v g k t a e o t
e a s o k v t l l å x x t v s h t o o t æ å t l å
s p i s e æ s e k g o r i l l a l z g t g a r o f
```

Find all Danish and English words in the puzzle.

Danish	English
spise *[v]*	to eat
spisestue *[c]*	dining room
øje *[n]*	eye
tand *[c]*	tooth
stedbror *[c]*	stepbrother
gorilla *[c]*	gorilla
næsehorn *[n]*	rhinoceros
hyæne *[c]*	hyena
sofa *[c]*	couch
tante *[c]*	aunt

Puzzle #16

y	v	m	v	m	s	u	m	a	t	o	p	o	p	p	i	h	i	k	k	u	v	w	o	e
g	b	r	ø	h	n	x	s	m	s	t	l	e	b	d	k	e	v	d	o	h	w	u	r	t
w	d	a	ø	p	x	æ	e	t	h	u	ø	f	y	b	t	p	i	u	u	f	o	r	w	l
y	a	g	e	z	b	g	s	w	y	c	k	f	h	v	z	d	v	s	l	x	c	b	p	æ
æ	e	u	w	r	a	a	o	t	d	s	t	k	d	l	s	k	t	o	h	k	r	a	ø	b
e	e	s	e	r	p	r	s	o	e	ø	f	s	e	x	w	u	d	d	c	o	r	j	w	i
n	m	a	e	l	c	d	g	y	v	b	r	v	u	r	g	h	j	t	æ	a	z	i	j	l
a	d	v	v	g	å	l	k	å	o	v	d	a	e	h	e	a	å	z	p	t	e	h	n	v
w	e	i	k	a	y	n	o	n	h	f	å	l	h	s	g	m	t	l	c	z	d	x	j	å
b	i	z	i	t	i	k	r	t	g	o	y	l	t	h	w	w	y	å	ø	p	r	ø	p	e
v	p	æ	k	r	p	ø	å	t	h	m	f	e	å	p	h	ø	h	j	o	r	t	o	r	u
c	p	g	d	l	v	b	a	g	y	e	a	r	e	g	i	z	v	d	h	r	å	u	r	b
x	g	t	o	b	ø	i	n	x	p	n	s	b	y	j	c	c	s	e	c	u	x	o	z	r
æ	ø	y	k	d	e	n	o	d	z	z	o	m	æ	n	å	s	y	e	g	s	s	c	p	d
j	e	s	u	o	h	p	æ	x	u	i	j	u	c	c	b	t	r	r	a	w	p	s	d	f

Find all Danish and English words in the puzzle.

Danish	**English**
tøj *[cp]*	clothes
sukker *[n]*	sugar
hjort *[c]*	deer
flodhest *[c]*	hippopotamus
brød *[n]*	bread
paraply *[n]*	umbrella
drink *[c]*	beverage
hus *[n]*	house
hoved *[n]*	head
bælte *[n]*	belt

16

Puzzle #17

w	s	æ	s	i	t	o	d	y	j	n	a	g	b	n	p	o	æ	f	z	f	k	x	b	b
y	z	o	d	e	o	æ	z	b	e	v	p	t	n	k	u	e	r	v	f	l	z	a	ø	o
e	c	g	o	z	ø	z	e	h	w	s	i	z	r	c	n	e	t	l	u	s	æ	p	d	x
l	n	b	e	s	u	l	b	y	e	c	ø	o	r	k	a	s	s	e	r	ø	l	p	e	æ
p	æ	ø	s	z	u	v	s	l	i	k	b	e	m	m	e	m	w	ø	e	p	f	l	g	å
k	b	b	h	k	l	å	k	h	k	l	h	n	i	i	t	u	l	t	n	x	ø	e	s	h
æ	l	v	e	k	u	c	w	p	o	t	e	g	n	a	l	s	g	w	g	t	e	v	h	o
p	ø	z	c	u	e	æ	c	u	o	c	e	i	å	c	h	y	u	w	e	d	v	i	o	n
m	n	m	c	r	m	t	s	r	d	x	k	y	t	a	r	s	f	o	r	h	o	x	n	x
t	k	d	f	r	r	e	b	n	e	w	f	j	z	g	y	m	m	f	f	i	å	o	h	k
f	t	p	p	x	o	f	d	x	l	b	m	g	n	æ	y	t	e	r	p	b	h	c	y	r
f	æ	a	s	n	a	k	e	p	b	ø	o	u	l	p	a	a	o	p	d	x	d	r	i	b
v	e	i	b	æ	f	c	n	i	æ	å	h	s	v	å	e	b	ø	h	t	r	d	a	u	ø
o	e	v	c	ø	x	t	e	x	m	r	b	r	o	r	g	æ	a	s	u	y	y	h	h	f
d	l	i	p	t	f	z	f	g	k	l	n	p	a	f	h	s	d	m	r	g	c	u	x	u

Find all Danish and English words in the puzzle.

Danish	**English**
slange [c]	snake
bror [c]	brother
kasse [c]	box
fregner [cp]	freckles
sulten [adj]	hungry
æble [n]	apple
høne [c]	hen
bluse [c]	blouse
fugl [c]	bird
læbe [c]	lip

Puzzle #18

ø	g	u	a	t	g	u	r	f	f	j	s	y	j	h	æ	g	o	e	k	r	r	t	c	p
o	y	r	w	m	s	v	y	o	f	e	t	k	k	w	x	l	f	e	d	r	o	w	g	c
t	d	y	æ	g	b	e	å	r	c	y	j	e	r	o	m	d	e	t	s	n	x	g	å	o
h	w	a	ø	v	k	d	u	w	r	i	t	g	p	l	a	g	æ	v	g	k	r	ø	d	z
m	l	t	x	i	l	i	ø	æ	l	å	u	g	j	d	z	h	v	u	p	e	m	a	i	h
x	æ	w	d	r	t	i	æ	u	o	i	y	e	l	æ	k	j	e	å	h	å	f	x	ø	i
j	a	d	o	s	a	r	n	m	h	c	p	u	y	m	æ	i	z	t	d	t	o	i	e	s
æ	e	w	o	b	i	g	k	g	k	s	x	b	x	a	b	u	o	b	a	j	g	l	h	j
g	k	r	t	r	d	g	e	e	b	b	æ	o	ø	ø	h	m	a	l	f	y	v	c	z	s
s	a	x	u	r	j	a	o	n	u	v	k	b	o	e	p	d	a	l	h	å	s	f	r	z
l	d	ø	n	j	j	v	l	l	i	g	p	å	p	e	g	s	æ	x	l	p	s	l	o	æ
i	n	m	g	s	d	e	l	a	i	v	s	u	t	e	c	k	f	p	p	a	u	i	r	h
y	a	g	e	y	b	k	ø	o	s	v	æ	s	r	r	o	æ	a	z	l	y	w	r	r	ø
æ	p	e	m	t	z	n	j	e	l	n	r	å	p	a	n	d	a	w	å	o	d	b	i	d
o	n	x	k	å	v	r	n	l	c	d	g	j	x	h	r	k	v	ø	f	p	e	z	m	k

Find all Danish and English words in the puzzle.

Danish

stedmor *[c]*
salatfad *[n]*
væg *[c]*
frugt *[c]*
tyr *[c]*
tunge *[c]*
eddike *[c]*
grævling *[c]*
spejl *[n]*
panda *[c]*

English

stepmother
salad bowl
wall
fruit
bull
tongue
vinegar
badger
mirror
panda

Puzzle #19

d	u	l	a	t	n	g	æ	å	b	s	o	o	r	a	g	n	a	k	l	x	y	o	p	o
v	g	n	e	g	l	m	u	d	i	s	l	e	l	i	d	o	c	o	r	c	g	a	m	h
g	k	u	x	l	e	k	æ	d	x	k	z	i	u	g	a	n	å	p	x	ø	e	å	y	ø
h	r	j	s	i	k	s	i	e	t	n	u	y	b	a	ø	b	w	l	v	b	s	d	e	z
p	o	ø	m	a	d	s	s	æ	å	i	t	u	o	x	u	æ	b	m	t	å	d	l	g	m
n	k	n	a	n	a	b	u	u	t	r	æ	r	f	n	r	g	a	å	t	o	a	d	i	æ
w	o	j	e	r	b	o	g	r	t	d	m	r	u	h	u	s	t	o	v	e	t	e	l	d
h	d	a	o	e	å	k	d	x	j	o	e	r	o	i	g	s	æ	f	l	a	k	k	f	k
l	i	å	t	g	x	o	p	æ	l	t	p	a	å	i	n	z	j	p	i	u	s	p	w	x
s	l	v	c	n	o	m	k	u	f	f	w	g	m	t	æ	p	l	s	a	r	k	h	m	y
å	l	a	h	i	a	f	a	a	y	ø	z	e	s	k	k	d	x	i	s	l	b	n	t	ø
f	e	k	d	f	s	u	d	d	s	r	h	n	e	c	p	d	e	d	d	i	k	e	v	u
w	r	v	f	x	æ	r	r	n	i	r	j	i	t	s	e	c	r	ø	r	f	p	a	n	u
g	x	o	y	å	z	t	b	a	v	o	u	v	g	e	k	k	i	r	d	i	v	p	z	c
p	w	c	g	æ	a	p	æ	p	v	å	n	l	e	w	z	p	a	n	d	a	s	x	a	m

Find all Danish and English words in the puzzle.

Danish	**English**
eddike *[c]*	vinegar
drikke *[v]*	to drink
krokodille *[c]*	crocodile
komfur *[n]*	stove
tusse *[c]*	toad
tå *[c]*	toe
frø *[c]*	frog
panda *[c]*	panda
negl *[c]*	fingernail
kænguru *[c]*	kangaroo

19

Puzzle #20

j	d	z	s	ø	e	s	r	o	h	f	t	r	i	s	g	m	d	c	æ	g	å	l	z	d
d	æ	o	t	ø	j	e	z	h	d	y	z	i	x	u	e	u	z	a	f	k	m	v	e	æ
k	e	g	n	a	l	s	a	w	r	f	t	c	o	i	c	e	p	z	y	p	ø	e	w	r
h	z	r	s	s	j	y	l	c	a	j	o	g	c	h	k	y	d	l	y	v	m	l	h	h
u	o	d	y	l	i	m	a	f	s	e	n	g	e	i	m	p	s	w	t	b	n	g	y	y
w	i	w	a	w	p	d	w	c	l	o	c	k	d	a	j	e	f	m	æ	t	o	u	u	r
s	ø	n	d	n	d	v	t	x	m	h	s	d	å	m	y	j	n	h	o	o	x	j	w	e
n	d	t	r	v	i	n	e	g	a	r	e	k	s	l	v	x	d	o	y	h	w	ø	i	t
å	u	r	j	p	g	å	n	æ	v	t	j	a	ø	j	p	e	f	c	k	j	o	l	s	c
h	u	æ	d	w	p	f	g	i	r	j	d	ø	n	d	b	æ	z	j	i	o	i	l	u	ø
h	d	ø	s	g	æ	a	a	t	f	d	t	a	u	w	l	x	z	s	j	m	z	i	e	v
e	v	c	x	v	m	g	s	a	o	h	b	o	l	z	g	e	ø	s	a	v	z	k	g	h
s	æ	f	e	t	c	o	w	l	d	æ	b	e	s	a	y	g	g	f	æ	æ	a	m	n	k
t	v	a	p	k	f	e	a	a	l	w	z	y	c	s	s	o	y	s	h	n	å	b	a	n
a	m	å	p	s	p	t	g	s	w	s	ø	e	s	ø	g	t	n	u	s	f	æ	t	e	v

Find all Danish and English words in the puzzle.

Danish	English
øje *[n]*	eye
ugle *[c]*	owl
familie *[c]*	family
fod *[c]*	foot
slange *[c]*	snake
eddike *[c]*	vinegar
seng *[c]*	bed
salat *[c]*	salad
ur *[n]*	clock
hest *[c]*	horse

Puzzle #21

r	d	o	u	f	b	e	y	ø	v	m	r	o	c	m	s	r	f	c	s	t	p	h	m	g
h	j	f	w	d	n	v	l	h	x	m	t	e	æ	x	u	p	e	å	f	r	c	n	s	h
h	c	i	n	v	t	j	j	j	y	m	a	b	j	o	k	v	g	æ	h	e	a	p	a	h
s	k	u	t	m	f	v	j	p	ø	l	g	p	t	s	h	i	r	t	d	f	y	å	t	d
e	ø	p	h	f	a	o	ø	e	u	h	d	e	t	t	ø	m	o	m	d	f	å	l	z	x
x	a	m	j	o	æ	e	å	g	c	z	k	e	b	r	l	ø	s	b	u	u	o	ø	f	å
r	z	r	i	g	t	w	h	h	y	æ	b	y	t	t	i	å	y	b	s	k	ø	j	n	ø
y	u	j	t	s	u	i	t	c	a	s	e	k	ø	t	h	f	x	o	l	d	r	u	b
f	t	c	t	g	m	w	l	z	s	u	m	g	t	b	v	l	s	o	f	å	h	r	z	æ
u	ø	o	c	e	h	f	e	g	s	k	o	j	x	l	e	e	a	t	a	e	e	o	k	t
e	t	s	o	k	d	e	r	h	j	t	o	c	a	h	g	o	n	n	d	i	j	o	m	x
h	u	c	u	a	c	t	h	f	p	å	r	f	s	z	å	u	b	t	e	r	ø	f	e	l
z	p	f	s	b	j	j	r	v	ø	e	b	d	c	l	k	x	f	n	e	c	i	y	r	æ
f	e	o	e	j	v	b	å	d	g	v	n	y	e	a	v	j	a	v	u	z	m	b	ø	a
m	m	e	a	l	a	i	r	p	l	a	n	e	y	n	j	ø	n	æ	æ	e	p	y	x	w

Find all Danish and English words in the puzzle.

Danish	English
kuffert *[c]*	suitcase
kost *[c]*	broom
hylde *[n]*	shelf
fly *[n]*	airplane
sofa *[c]*	couch
tag *[n]*	roof
øre *[n]*	ear
nevø *[c]*	nephew
fugl *[c]*	bird
t-shirt *[c]*	T-shirt

Puzzle #22

m	y	d	å	s	h	b	m	b	g	p	n	b	f	å	a	p	n	m	i	n	k	f	v	e
f	k	p	l	n	a	o	n	g	s	f	z	k	d	d	h	e	m	x	i	a	m	x	å	s
u	b	g	w	c	x	g	æ	c	n	v	m	s	h	p	s	ø	a	a	g	j	x	n	d	g
r	m	w	m	b	a	s	i	a	z	a	r	c	å	m	z	t	t	m	l	d	b	a	d	e
t	g	h	k	f	f	h	c	o	l	d	f	t	h	ø	æ	a	r	h	x	y	s	t	t	å
t	g	y	n	d	e	e	f	b	b	i	o	m	a	j	o	o	i	c	o	f	e	l	b	r
v	z	n	æ	u	p	å	n	r	ø	å	g	w	f	r	d	y	k	n	d	o	f	o	a	k
c	j	r	r	f	n	c	å	m	e	y	e	l	h	f	m	v	s	h	t	h	a	n	s	h
æ	m	e	k	b	a	o	m	r	a	d	a	t	e	ø	w	c	b	r	o	t	h	e	r	w
s	b	d	l	k	b	m	i	j	p	m	l	p	r	d	e	å	w	k	t	x	o	s	b	e
i	z	l	c	n	r	p	n	o	p	h	d	u	j	m	r	n	å	ø	m	y	n	x	m	f
s	i	u	m	e	o	v	a	e	n	o	v	ø	k	v	å	e	l	n	z	å	f	d	a	æ
o	p	o	a	e	r	p	t	d	z	ø	f	w	æ	s	w	v	d	x	e	r	a	v	l	u
j	b	h	d	k	n	p	m	n	i	u	j	b	o	o	ø	y	h	e	h	æ	v	v	a	c
z	g	s	r	s	i	c	n	l	e	æ	v	u	j	i	n	ø	n	b	n	h	g	æ	y	x

Find all Danish and English words in the puzzle.

Danish	English
lam *[n]*	lamb
nederdel *[c]*	skirt
tå *[c]*	toe
skulder *[c]*	shoulder
lampe *[c]*	lamp
arm *[c]*	arm
taxa *[c]*	taxi
knæ *[n]*	knee
hals *[c]*	throat
bror *[c]*	brother

Puzzle #23

å	b	n	o	a	t	a	b	ø	e	j	u	j	t	t	w	g	v	s	a	h	o	a	f	å
r	c	b	z	g	y	t	j	æ	å	p	l	å	a	w	t	l	g	t	y	c	k	ø	m	ø
f	l	ø	s	e	r	i	a	d	p	m	k	o	i	t	p	å	b	æ	g	a	l	a	d	t
i	l	r	m	t	s	ø	j	u	a	æ	v	p	o	n	t	o	o	t	h	m	å	l	d	z
l	w	i	f	e	e	u	å	t	o	m	m	e	l	f	i	n	g	e	r	o	p	å	a	k
l	w	d	ø	y	d	d	o	k	n	r	l	a	z	t	a	e	s	c	i	t	z	n	m	o
r	c	z	t	e	c	a	b	m	æ	v	l	r	w	p	h	z	h	o	c	s	u	x	t	f
v	r	r	x	l	k	h	b	r	å	m	u	b	t	u	u	x	o	s	u	m	p	g	u	v
j	e	z	e	b	r	a	z	y	o	c	b	e	d	z	r	å	w	f	l	n	n	ø	m	j
b	m	s	y	h	ø	t	w	a	a	r	i	z	o	b	m	u	e	n	i	b	f	m	s	c
u	x	l	l	æ	u	s	c	r	f	h	ø	l	k	d	v	ø	r	s	å	h	å	g	k	r
h	o	p	å	p	æ	s	g	s	t	e	p	b	r	o	t	h	e	r	w	t	a	n	d	m
b	m	u	h	t	t	w	t	o	y	å	x	a	c	j	u	y	c	k	d	z	f	l	å	d
u	u	m	a	v	e	t	z	r	ø	g	n	y	l	k	d	g	o	g	æ	u	l	r	g	x
n	t	w	a	m	z	p	n	y	u	f	y	i	d	j	u	f	n	f	z	t	c	i	h	k

Find all Danish and English words in the puzzle.

Danish	English
stedbror [c]	stepbrother
bad [n]	shower
tand [c]	tooth
tommelfinger [c]	thumb
hustru [c]	wife
mave [c]	stomach
tå [c]	toe
zebra [c]	zebra
tyr [c]	bull
mus [c]	mouse

Puzzle #24

a	j	å	r	f	l	j	n	ø	s	k	s	d	j	r	f	l	g	f	z	p	l	r	c	w
l	v	o	x	b	f	t	g	a	n	u	p	l	h	k	e	i	k	r	a	e	p	i	o	k
l	l	a	m	a	e	l	m	v	t	z	k	a	o	s	c	t	å	t	g	b	v	l	k	o
b	c	s	p	v	u	ø	o	l	h	e	s	n	r	f	t	o	n	r	r	ø	å	t	j	c
a	ø	d	f	c	b	m	g	j	e	r	f	a	t	e	z	e	s	a	å	g	o	f	p	ø
a	p	k	j	h	l	c	r	ø	ø	n	e	n	j	n	n	m	p	v	p	c	o	a	t	p
x	t	g	z	e	a	l	c	b	p	h	u	a	v	l	h	t	m	f	l	z	c	y	k	a
u	å	r	v	e	v	k	ø	d	l	b	h	b	b	z	d	m	s	j	a	j	ø	t	d	n
d	e	s	g	k	æ	s	j	i	u	h	o	r	s	e	s	n	o	n	z	t	r	æ	n	t
c	m	w	ø	l	j	l	n	g	f	r	a	k	k	e	r	f	u	d	n	b	h	g	i	h
i	s	t	e	d	f	a	r	u	g	e	t	s	e	h	v	p	k	c	k	a	l	e	k	e
o	ø	a	s	k	æ	l	s	s	ø	r	k	z	c	z	r	r	h	g	b	f	n	r	r	r
r	l	f	f	o	r	æ	l	d	r	e	s	w	s	s	n	g	u	y	å	z	e	a	d	c
å	x	h	y	e	u	v	å	b	m	v	ø	ø	o	æ	h	e	z	a	m	a	l	c	b	j
w	w	l	b	x	æ	å	n	t	s	z	x	n	y	b	l	ø	c	d	e	e	l	b	o	w

Find all Danish and English words in the puzzle.

Danish	English
stedfar *[c]*	stepfather
frakke *[c]*	coat
banan *[c]*	banana
kind *[c]*	cheek
lama *[c]*	llama
panter *[c]*	panther
hest *[c]*	horse
forældre *[cp]*	parents
albue *[c]*	elbow
søn *[c]*	son

24

Puzzle #25

x	s	v	r	f	d	a	e	r	b	æ	f	s	ø	z	ø	o	d	å	ø	f	y	i	w	s
a	p	v	d	d	o	r	e	b	m	u	c	u	c	f	ø	ø	e	t	o	a	d	s	g	t
æ	y	a	z	å	s	r	b	v	p	w	t	n	b	f	r	k	c	b	l	e	a	æ	b	y
t	e	n	o	e	e	i	k	æ	k	a	o	d	b	b	a	s	x	r	v	p	f	b	b	e
b	u	m	x	s	g	k	u	r	w	n	d	m	x	c	t	r	æ	o	n	u	e	e	d	p
w	æ	l	k	æ	n	a	d	l	s	r	r	c	x	d	h	s	h	t	b	n	y	c	x	p
p	p	æ	n	h	z	w	h	u	j	b	i	n	w	l	å	i	b	h	a	a	f	æ	i	d
v	æ	p	p	m	w	t	l	j	v	u	n	f	m	c	x	r	n	e	o	c	y	o	æ	r
e	h	x	p	i	e	y	æ	h	k	å	k	m	n	r	i	p	w	r	u	b	i	o	f	i
w	x	å	l	l	k	w	x	s	a	m	j	h	g	e	o	z	a	d	t	ø	o	æ	i	k
r	v	b	e	k	y	n	x	k	m	n	l	k	y	v	k	r	o	u	u	ø	a	ø	x	k
i	g	p	f	e	p	b	k	l	o	e	m	e	d	j	l	n	s	r	g	g	t	s	a	e
o	v	g	f	t	v	i	l	f	t	i	f	f	e	n	h	s	s	z	u	ø	ø	c	r	n
b	d	å	a	å	g	o	æ	i	r	o	r	b	f	h	e	z	n	r	u	n	æ	l	z	å
m	u	h	g	ø	o	w	m	i	p	o	x	ø	n	g	w	s	k	f	d	o	w	å	n	g

Find all Danish and English words in the puzzle.

Danish	English
gaffel *[c]*	fork
tusse *[c]*	toad
mælk *[c]*	milk
hage *[c]*	chin
brød *[n]*	bread
bror *[c]*	brother
agurk *[c]*	cucumber
sæbe *[c]*	soap
drikke *[v]*	to drink
hjul *[n]*	wheel

Puzzle #26

t	j	æ	r	ø	k	b	a	m	u	m	å	a	i	w	a	g	w	s	f	v	ø	d	a	å
e	o	e	h	c	t	u	p	c	s	o	r	m	æ	f	o	y	d	b	k	h	a	i	e	u
l	n	d	k	æ	e	z	æ	b	f	j	d	a	t	m	æ	v	t	u	t	u	f	g	f	å
å	v	r	r	m	e	e	k	k	i	r	d	e	c	d	r	a	w	e	r	s	f	d	a	a
d	c	e	t	i	f	e	c	a	u	j	n	k	o	m	f	u	r	h	l	z	t	f	u	c
h	i	m	t	å	n	i	o	æ	f	s	æ	a	d	r	o	b	j	m	y	l	k	z	e	z
w	n	d	u	p	s	k	v	j	m	m	w	x	b	j	x	n	l	m	e	æ	l	m	b	p
c	æ	t	b	å	s	u	m	a	t	o	p	o	p	p	i	h	k	v	z	l	h	p	n	m
k	s	h	å	l	y	n	d	s	r	w	m	n	r	e	d	d	ø	f	å	i	o	k	a	d
x	s	f	n	s	m	a	f	s	k	f	o	å	i	k	a	y	d	l	å	j	e	n	n	t
v	l	j	ø	m	t	n	k	n	e	e	h	c	a	t	æ	k	b	f	g	a	æ	m	e
r	y	n	y	h	l	o	r	e	n	n	i	d	j	æ	v	j	c	s	s	r	a	e	y	f
c	r	o	w	m	n	i	v	l	a	i	o	x	æ	y	n	g	i	m	u	m	l	b	n	u
r	g	z	x	x	z	æ	l	e	k	r	a	g	e	z	d	g	g	a	o	y	w	n	å
z	x	t	d	ø	b	y	å	b	t	s	e	h	d	o	l	f	c	ø	n	k	æ	u	v	p

Find all Danish and English words in the puzzle.

Danish	**English**
komfur *[n]*	stove
melon *[c]*	melon
aftensmad *[c]*	dinner
flodhest *[c]*	hippopotamus
krage *[c]*	crow
fødder *[cp]*	feet
drikke *[v]*	to drink
skuffe *[c]*	drawer
arm *[c]*	arm
knæ *[n]*	knee

26

Puzzle #27

h	s	b	n	r	g	ø	f	v	n	å	n	n	v	b	æ	d	n	f	b	u	f	l	o	æ
l	d	å	l	k	c	r	j	c	æ	u	o	k	i	l	n	b	z	e	r	k	z	v	b	y
i	x	t	u	h	d	a	d	k	e	i	å	y	å	ø	t	e	s	u	o	l	b	a	d	æ
t	æ	s	e	k	k	a	j	s	s	y	r	æ	u	j	i	t	p	n	g	æ	x	j	y	t
r	d	t	b	æ	g	l	u	i	o	j	æ	r	j	w	k	z	t	t	y	g	h	å	b	k
v	r	e	j	v	s	l	v	h	f	i	z	r	v	i	s	y	o	v	s	æ	v	k	r	l
n	r	j	b	u	b	e	r	h	b	t	a	m	o	t	d	r	m	w	t	j	j	v	s	w
h	e	v	i	x	l	n	t	b	æ	x	y	k	i	å	p	b	a	y	v	m	o	n	s	e
t	y	t	t	e	r	v	h	i	a	æ	ø	d	c	c	i	a	t	z	r	z	h	n	k	i
a	r	m	t	æ	a	g	u	t	e	s	u	o	h	a	b	z	o	a	s	k	h	j	i	g
u	æ	v	n	a	g	f	s	i	æ	u	u	o	v	y	h	s	a	v	f	w	u	n	h	
x	v	z	k	j	e	a	x	w	c	n	y	u	v	e	d	d	i	k	e	s	g	w	d	t
h	w	w	z	n	a	å	r	u	å	k	t	a	n	k	e	l	p	b	æ	l	w	b	n	
s	d	s	o	o	i	e	ø	t	a	r	y	l	ø	l	o	f	f	v	æ	g	t	d	r	e
u	z	h	ø	l	v	g	å	f	g	f	z	b	e	j	v	a	f	j	e	r	n	s	y	n

Find all Danish and English words in the puzzle.

Danish	**English**
arm *[c]*	arm
hus *[n]*	house
tomat *[c]*	tomato
fjernsyn *[n]*	television
vægt *[c]*	weight
eddike *[c]*	vinegar
bluse *[c]*	blouse
hud *[c]*	skin
jakkesæt *[n]*	suit
ankel *[c]*	ankle

Puzzle #28

g	r	ø	s	t	e	t	a	g	e	p	s	n	k	r	u	n	v	a	s	e	t	æ	y	t
o	l	ø	t	r	t	m	z	h	c	i	h	v	n	d	d	a	v	l	ø	o	k	h	å	g
v	m	k	d	r	r	m	n	s	ø	z	e	i	b	å	a	ø	a	r	p	c	æ	w	n	b
u	h	j	ø	e	å	u	e	ø	i	y	l	v	n	d	c	m	r	u	o	a	y	i	z	e
t	z	c	t	z	e	p	ø	d	r	s	f	x	v	r	p	z	s	s	m	o	l	m	e	v
k	z	a	x	u	j	æ	w	i	l	r	e	l	a	e	j	j	g	n	a	c	l	a	i	e
c	w	u	v	x	d	j	d	å	v	y	x	l	d	f	r	o	g	o	e	l	v	f	n	r
l	g	n	t	b	ø	r	f	k	x	v	h	d	e	y	ø	e	j	ø	n	t	a	f	s	a
h	k	t	b	w	c	v	r	æ	p	n	o	g	z	o	f	j	l	å	a	f	m	j	g
i	v	s	y	n	g	e	p	e	k	a	t	y	r	u	u	n	k	d	t	å	i	a	p	e
p	i	a	h	v	n	a	u	h	v	å	i	o	æ	m	l	p	d	z	k	g	m	x	w	j
y	s	æ	s	n	i	a	m	c	l	æ	o	e	d	w	i	n	r	b	n	x	h	æ	ø	z
m	b	z	i	e	æ	æ	h	n	d	e	h	l	h	i	p	t	f	i	v	å	c	ø	u
j	d	d	p	o	y	u	i	p	x	y	æ	e	d	k	æ	y	c	p	r	x	k	f	e	t
æ	u	æ	o	l	z	a	w	ø	r	p	z	m	x	æ	d	j	s	ø	d	e	æ	m	c	t

Find all Danish and English words in the puzzle.

Danish	**English**
kind *[c]*	cheek
vase *[c]*	vase
frø *[c]*	frog
dør *[c]*	door
lampe *[c]*	lamp
hylde *[n]*	shelf
drink *[c]*	beverage
aftensmad *[c]*	dinner
etage *[c]*	floor
vand *[n]*	water

Puzzle #29

æ	s	d	l	x	g	a	l	a	m	a	f	o	r	æ	l	d	r	e	b	a	n	z	å	b
j	m	z	d	æ	i	c	v	s	v	b	e	l	x	e	b	z	æ	s	e	d	z	m	a	i
d	g	r	a	n	d	f	a	t	h	e	r	r	t	ø	z	y	p	m	y	ø	d	w	x	b
r	e	k	a	s	b	k	h	z	g	l	a	s	s	ø	n	a	d	b	e	s	t	t	j	t
h	å	e	b	h	e	s	b	k	y	æ	r	v	å	n	n	h	l	a	ø	l	m	o	t	b
f	d	ø	r	j	b	z	r	k	d	å	e	æ	a	d	e	l	g	l	d	s	o	v	n	s
f	o	z	u	o	b	y	g	n	k	p	z	p	y	z	r	i	k	i	a	ø	h	n	e	æ
m	h	x	n	r	w	å	l	o	f	s	i	m	y	s	å	r	p	o	e	m	h	d	r	d
k	l	d	i	t	v	æ	a	l	y	p	k	r	a	f	e	t	s	d	e	b	a	f	a	p
ø	a	n	k	w	æ	h	s	e	n	b	w	c	j	å	r	r	k	u	c	a	r	n	p	m
g	m	e	p	u	ø	s	n	m	f	y	m	x	u	k	h	i	i	k	u	d	g	p	t	a
n	p	i	a	n	z	m	h	v	r	x	æ	p	i	d	k	ø	f	y	l	j	d	s	w	l
e	e	l	n	g	w	l	u	r	a	å	y	j	z	j	p	g	h	m	h	j	f	l	n	b
å	ø	o	w	w	a	h	c	t	p	a	i	l	æ	ø	e	v	å	w	c	b	p	u	g	r
z	m	m	t	e	i	v	r	e	s	u	c	f	d	a	n	d	z	l	k	c	å	p	v	h

Find all Danish and English words in the puzzle.

Danish	**English**
and *[c]*	duck
serviet *[c]*	napkin
spand *[c]*	pail
bedstefar *[c]*	grandfather
melon *[c]*	melon
forældre *[c]*	parent
hjort *[c]*	deer
lampe *[c]*	lamp
glas *[n]*	glass
lama *[c]*	llama

Puzzle #30

m	n	ø	d	a	v	j	f	o	r	æ	l	d	r	e	s	ø	w	n	e	m	z	e	x	n
g	f	x	a	r	v	a	p	l	y	e	s	e	f	a	s	f	z	u	l	k	n	å	h	å
b	x	t	m	g	a	h	s	r	i	b	b	n	r	f	u	h	g	l	k	t	z	t	i	a
y	o	e	o	v	s	l	m	e	y	d	æ	i	j	w	h	o	p	o	e	e	y	u	p	p
w	m	x	x	u	k	l	b	d	æ	x	y	h	i	j	o	g	æ	a	o	s	u	r	j	x
m	t	o	i	l	e	t	i	h	y	k	s	c	c	s	h	j	h	c	r	w	u	ø	å	o
e	u	w	y	u	m	e	n	w	f	å	g	a	e	j	p	c	l	e	x	e	v	o	w	s
j	a	o	n	c	a	m	o	t	j	æ	x	m	j	h	r	z	b	g	v	g	n	l	l	n
x	æ	s	t	l	s	c	s	u	ø	j	ø	g	a	j	n	r	s	j	v	u	t	t	w	b
b	å	w	e	o	k	x	e	v	a	s	e	n	g	l	o	v	e	u	d	k	a	s	s	e
g	p	æ	l	c	i	a	æ	h	a	w	d	i	d	m	p	e	g	i	w	t	h	c	e	x
c	o	k	i	n	s	c	l	g	s	w	h	p	l	s	z	u	d	o	s	l	l	s	j
ø	k	g	o	s	e	a	u	y	k	ø	z	s	h	æ	æ	y	f	a	r	æ	å	k	u	a
d	å	r	t	å	d	z	g	e	z	n	v	a	n	l	n	r	i	y	m	y	e	m	l	p
ø	å	w	i	c	s	r	i	ø	t	e	z	w	l	n	p	å	j	o	p	v	d	v	b	n

Find all Danish and English words in the puzzle.

Danish	**English**
bluse *[c]*	blouse
forældre *[c]*	parent
gås *[c]*	goose
toilet *[n]*	toilet
ur *[n]*	clock
vase *[c]*	vase
kasse *[c]*	box
næse *[c]*	nose
handske *[c]*	glove
vaskemaskine *[c]*	washing machine

Puzzle #31

y	k	k	c	n	d	n	n	w	v	d	s	n	x	h	p	i	v	o	d	n	a	h	x	b
z	p	d	h	k	n	p	w	c	p	w	u	x	ø	m	u	o	s	d	æ	u	b	e	e	o
ø	å	i	r	d	s	f	e	æ	e	x	j	a	u	n	l	c	y	b	o	t	l	p	ø	c
z	v	e	z	n	w	w	f	a	n	w	z	d	x	e	c	r	e	c	v	x	o	u	u	h
e	c	t	f	a	j	å	t	a	l	j	t	d	u	j	s	n	u	k	n	f	u	o	m	e
r	ø	l	u	h	i	s	r	e	h	t	o	m	a	g	m	u	f	n	i	o	s	s	n	e
k	p	æ	k	z	h	h	t	å	h	z	r	w	y	o	æ	t	l	e	b	n	e	e	w	s
y	l	b	k	i	o	x	ø	l	p	m	y	l	d	u	c	d	r	b	v	p	d	l	z	e
u	j	t	r	r	å	t	n	h	æ	j	h	e	g	e	l	w	v	n	d	l	æ	b	r	j
u	x	t	k	e	s	k	y	y	j	r	r	l	e	t	o	h	y	e	h	s	i	a	e	s
æ	s	d	h	e	v	r	s	l	d	g	o	t	r	i	h	s	t	a	e	w	s	t	æ	i
l	u	o	g	r	ø	n	t	s	a	g	s	s	u	p	p	e	z	v	c	s	t	æ	o
k	g	k	l	x	n	z	f	e	d	o	f	f	l	k	e	e	h	c	v	a	w	g	æ	å
i	v	y	d	g	x	k	p	x	s	b	w	c	j	l	e	t	o	h	æ	b	h	e	f	ø
k	r	m	r	d	v	t	i	t	l	i	s	m	n	r	l	j	s	o	v	h	b	v	m	w

Find all Danish and English words in the puzzle.

Danish	English
ben *[n]*	leg
grøntsagssuppe *[c]*	vegetable soup
moder *[c]*	mother
sweatshirt *[c]*	sweatshirt
bælte *[n]*	belt
ost *[c]*	cheese
bluse *[c]*	blouse
hand *[c]*	hand
kind *[c]*	cheek
hotel *[n]*	hotel

Puzzle #32

p	j	w	n	e	g	j	m	u	n	j	j	n	o	c	m	l	æ	h	z	p	r	t	s	r
s	j	m	a	a	o	u	w	æ	d	i	æ	x	i	m	z	m	i	j	j	a	e	æ	o	b
b	b	g	m	n	k	e	f	w	k	y	v	u	x	a	b	u	x	e	k	r	d	s	k	j
w	h	a	u	e	b	u	b	h	f	h	s	d	m	n	r	k	h	r	d	b	l	e	w	r
p	y	n	p	v	e	j	p	e	a	o	å	æ	ø	ø	v	b	v	n	y	f	u	k	t	h
k	l	t	h	h	d	k	o	e	k	u	s	u	o	s	u	t	x	e	r	l	k	k	d	h
i	a	z	x	t	y	f	r	l	t	m	c	g	j	s	r	ø	m	w	x	i	s	a	h	a
v	f	o	l	e	r	u	k	æ	f	r	t	x	h	l	y	t	c	p	x	v	j	j	ø	h
k	o	z	i	z	g	w	e	y	g	u	e	o	a	j	b	d	o	v	m	i	b	æ	w	o
c	g	i	k	y	f	a	n	o	f	e	u	h	æ	n	x	v	u	r	v	n	x	z	æ	p
n	f	x	h	v	g	æ	a	x	r	l	u	d	e	f	z	p	g	h	t	g	g	n	u	l
n	e	m	v	j	å	r	g	p	d	i	t	t	y	b	o	b	a	d	r	r	z	g	w	ø
g	o	a	n	p	u	m	z	e	n	m	z	i	s	t	o	æ	r	w	l	o	y	a	y	y
n	a	s	b	o	e	l	r	l	u	n	g	e	u	i	y	d	z	u	r	o	y	c	v	r
g	l	r	m	v	i	l	k	n	l	c	d	l	t	s	h	å	y	d	ø	m	h	o	y	d

Find all Danish and English words in the puzzle.

Danish	**English**
stue *[c]*	living room
lunge *[c]*	lung
puma *[c]*	cougar
søn *[c]*	son
krop *[c]*	body
gryde *[c]*	pot
hjul *[n]*	wheel
jakkesæt *[n]*	suit
hjerne *[c]*	brain
skulder *[c]*	shoulder

Puzzle #33

v	s	i	l	e	o	g	l	g	e	n	j	f	r	s	h	t	g	i	l	d	i	t	a	u
o	m	p	x	t	f	g	x	j	v	b	ø	a	å	å	e	r	e	a	r	l	y	o	e	x
u	w	a	m	o	k	e	j	a	s	x	æ	r	m	n	y	e	z	d	y	h	n	f	p	l
y	h	e	r	v	t	m	c	w	j	z	o	x	e	i	x	b	g	i	b	m	m	k	ø	j
b	å	t	e	y	o	b	t	z	a	j	u	m	c	g	w	ø	j	n	p	s	p	h	o	s
n	v	b	w	f	n	å	y	g	p	i	o	d	r	c	i	ø	x	o	u	d	j	r	m	t
r	a	u	o	y	g	æ	n	e	d	j	a	k	v	k	d	t	k	x	a	t	d	o	m	y
e	x	å	h	n	u	k	a	d	h	u	u	v	k	s	h	j	e	b	x	n	s	k	y	e
t	c	a	s	n	e	n	r	e	g	i	t	o	i	l	x	r	r	ø	i	g	r	a	j
s	x	s	c	r	u	t	j	å	s	w	u	s	x	d	æ	a	z	d	v	o	b	y	ø	k
ø	r	c	u	t	v	k	æ	w	æ	t	a	a	n	ø	g	å	æ	z	e	x	e	å	w
s	a	ø	h	k	ø	a	s	f	z	e	t	r	y	h	n	k	k	y	g	v	ø	æ	ø	z
n	g	c	t	b	d	x	w	w	r	c	u	y	u	f	o	o	d	g	ø	b	t	b	d	b
p	d	p	v	w	a	a	f	i	n	g	e	r	n	a	i	l	n	v	k	n	t	f	d	i
a	æ	f	e	x	m	m	k	p	æ	æ	ø	h	c	m	o	z	c	m	g	e	t	j	s	k

Find all Danish and English words in the puzzle.

Danish	**English**
tidlig *[adj]*	early
tunge *[c]*	tongue
taxa *[c]*	taxi
mad *[c]*	food
tiger *[c]*	tiger
æg *[n]*	egg
jordnød *[c]*	peanut
søster *[c]*	sister
negl *[c]*	fingernail
bad *[n]*	shower

Puzzle #34

m	å	s	c	s	m	y	n	k	j	z	p	h	e	a	r	t	i	j	e	t	r	e	j	h
k	w	n	l	h	c	o	v	i	n	d	u	e	e	c	j	l	æ	l	o	i	å	x	f	n
t	l	ø	c	u	å	s	u	e	a	r	l	y	n	l	a	g	f	z	w	b	d	j	r	l
s	n	i	u	m	y	j	ø	s	k	s	t	i	n	o	i	k	æ	k	n	a	y	o	a	æ
s	a	u	r	b	y	f	b	h	e	g	c	r	l	i	v	ø	j	v	d	ø	j	d	e
k	y	l	æ	t	i	f	a	n	p	j	w	s	d	r	a	u	v	z	l	e	f	p	i	w
u	i	m	a	g	b	z	g	d	v	w	j	i	i	h	e	w	y	o	w	d	x	i	s	r
f	å	k	u	t	l	æ	r	p	t	u	t	h	d	r	a	w	e	r	v	r	t	v	h	w
f	n	i	v	s	n	a	k	t	n	a	z	b	k	v	u	s	å	ø	b	a	c	y	y	o
e	l	m	a	p	g	v	s	æ	v	g	g	l	a	s	s	v	æ	m	s	g	l	x	n	d
i	s	y	v	m	g	y	u	h	u	e	g	l	p	l	å	l	o	c	w	t	å	z	å	n
s	e	c	u	t	t	e	l	f	x	g	x	u	e	k	s	a	t	i	g	e	k	æ	æ	i
e	s	i	d	a	r	y	å	w	x	a	g	k	x	r	s	n	æ	v	d	w	æ	i	u	w
a	x	o	u	b	a	t	h	i	n	g	s	u	i	t	f	b	j	æ	d	c	e	i	b	c
x	x	u	i	e	g	j	z	i	v	k	u	d	w	h	x	c	æ	k	p	u	v	x	b	r

Find all Danish and English words in the puzzle.

Danish	English
glas [n]	glass
badedragt [c]	bathing suit
skuffe [c]	drawer
hjerte [n]	heart
tidlig [adj]	early
radise [c]	radish
taske [c]	bag
mus [c]	mouse
vindue [n]	window
salat [c]	lettuce

Puzzle #35

l	x	e	f	v	e	p	w	i	z	x	g	a	z	s	k	t	r	f	x	y	i	å	å	h
r	o	t	a	g	i	l	l	a	p	s	s	c	n	å	c	r	å	o	e	s	a	l	a	t
r	v	u	r	h	k	a	i	e	y	æ	o	f	s	b	u	s	t	ø	r	r	e	l	s	e
e	g	a	j	u	v	y	i	e	p	å	f	j	u	j	g	t	g	u	r	f	r	d	k	d
h	s	i	z	e	o	l	o	r	n	æ	v	e	ø	å	l	l	s	x	w	v	a	k	u	b
t	r	n	n	m	l	f	y	i	p	p	i	s	e	n	r	e	j	h	a	b	u	e	m	r
o	b	n	u	j	r	e	l	æ	s	l	g	o	a	t	t	p	r	j	o	t	c	r	j	a
r	d	o	r	r	o	e	z	n	b	c	a	r	å	s	d	g	e	d	u	w	g	s	i	i
b	a	d	x	s	t	ø	c	o	j	u	j	n	t	y	f	i	ø	e	a	n	e	a	g	n
p	t	r	u	t	a	n	d	p	o	d	f	e	e	c	e	i	m	n	å	g	æ	r	o	l
e	å	o	u	f	g	o	e	g	v	i	d	e	æ	t	æ	s	h	m	d	r	p	s	m	b
t	a	c	t	å	i	m	o	c	s	b	y	a	w	u	i	h	s	x	n	å	n	z	x	f
s	e	j	g	f	l	d	e	t	r	h	f	a	d	a	p	u	m	a	p	i	d	t	s	ø
l	p	ø	p	u	l	ø	o	æ	d	g	f	a	g	u	f	r	d	k	g	g	r	w	w
d	b	g	ø	c	a	j	r	e	b	å	e	j	x	f	h	ø	k	f	d	h	r	l	å	w

Find all Danish and English words in the puzzle.

Danish	**English**
størrelse *[c]*	size
hjerne *[c]*	brain
salat *[c]*	lettuce
kasse *[c]*	box
næve *[c]*	fist
alligator *[c]*	alligator
stedbror *[c]*	stepbrother
bad *[n]*	shower
frugt *[c]*	fruit
fly *[n]*	airplane

Puzzle #36

f	j	w	g	l	j	h	l	x	ø	a	m	æ	o	s	r	g	o	j	x	f	r	c	d	å
l	t	a	r	æ	b	d	r	o	j	l	i	f	r	d	a	l	m	å	j	e	r	p	ø	j
e	t	h	o	z	å	a	r	n	y	z	l	u	c	j	e	m	l	k	s	m	a	e	r	h
t	c	v	g	o	s	x	l	r	æ	e	k	g	e	o	o	p	z	l	æ	n	æ	o	h	z
r	a	k	l	i	d	y	r	l	y	a	b	å	r	t	a	p	u	l	d	m	t	p	s	t
o	å	x	m	v	e	e	i	p	i	r	g	t	ø	p	e	t	k	e	a	a	v	c	g	d
j	w	g	d	g	b	w	m	i	å	g	i	g	k	c	z	a	h	ø	g	z	p	æ	å	c
k	k	y	å	w	c	z	e	l	l	o	a	j	ø	l	r	f	r	i	f	æ	z	a	g	s
s	a	n	a	t	z	h	k	f	v	b	s	t	e	c	i	d	l	ø	ø	z	v	h	l	t
n	t	r	i	æ	p	x	k	f	f	i	g	t	o	å	t	l	n	p	f	r	t	o	j	g
ø	t	n	i	f	b	a	a	g	x	å	n	a	ø	r	a	s	o	r	i	e	o	w	l	w
s	j	g	n	u	e	b	j	m	f	h	x	k	e	e	h	x	a	i	k	x	i	x	p	ø
f	w	g	p	n	a	p	g	n	i	y	r	f	c	i	x	k	i	c	m	v	i	d	h	a
j	r	v	y	n	h	i	b	c	h	m	p	æ	r	b	k	u	a	g	g	t	æ	i	e	t
k	k	ø	t	j	f	r	x	s	å	a	s	t	æ	e	x	j	a	i	d	l	y	v	p	s

Find all Danish and English words in the puzzle.

Danish	English
jakke *[c]*	jacket
mælk *[c]*	milk
vægt *[c]*	weight
frakke *[c]*	coat
jordbær *[n]*	strawberry
pande *[c]*	frying pan
alligator *[c]*	alligator
kniv *[c]*	knife
skjorte *[c]*	shirt
øre *[n]*	ear

Puzzle #37

p	f	ø	p	o	j	d	d	h	h	h	g	h	e	i	æ	b	c	ø	k	w	z	w	a	t
u	y	p	k	x	d	g	n	j	y	k	ø	u	o	å	n	u	ø	m	g	r	g	æ	u	v
g	y	e	å	z	a	æ	a	p	e	w	b	t	d	s	m	x	d	y	r	p	j	x	n	b
x	v	e	t	f	h	t	p	m	n	l	e	g	l	i	a	å	f	o	n	p	o	z	t	å
m	m	ø	r	n	a	e	s	r	a	y	z	a	y	b	b	o	o	v	o	k	s	f	d	a
æ	k	p	å	l	a	f	x	t	o	a	t	r	t	p	a	l	e	d	k	k	æ	a	n	m
j	l	d	a	l	a	t	m	å	h	j	o	d	i	p	f	t	u	i	g	g	e	c	h	i
å	æ	s	l	w	e	w	e	c	e	i	n	e	e	w	c	g	h	d	p	g	m	x	g	l
æ	m	a	g	u	c	c	o	a	l	b	u	d	c	l	l	m	h	i	a	æ	æ	e	e	k
h	r	z	r	å	j	s	t	b	y	d	r	a	u	d	y	æ	u	t	n	d	r	i	n	n
u	k	h	w	e	t	h	r	g	l	z	æ	b	t	å	v	e	e	z	a	g	e	a	æ	h
z	æ	b	ø	i	w	d	l	g	g	e	y	x	t	h	s	c	d	å	t	d	s	x	y	j
n	m	æ	n	æ	j	å	g	i	l	h	c	h	e	f	m	e	w	h	e	e	l	u	h	o
x	a	r	e	d	m	s	f	x	a	d	d	o	l	r	c	i	f	y	r	r	w	j	i	s
z	w	d	t	s	g	m	g	e	f	p	t	æ	r	æ	g	n	c	x	c	æ	s	w	x	t

Find all Danish and English words in the puzzle.

Danish	**English**
badedragt *[c]*	bathing suit
salat *[c]*	lettuce
albue *[c]*	elbow
hyæne *[c]*	hyena
etage *[c]*	floor
niece *[c]*	niece
mælk *[c]*	milk
tante *[c]*	aunt
hjul *[n]*	wheel
spand *[c]*	pail

37

Puzzle #38

å	z	k	n	u	j	j	e	m	e	n	å	e	a	v	a	g	b	l	o	b	a	h	x	i
f	c	y	å	f	o	i	k	k	l	g	d	z	t	p	b	h	s	æ	v	h	p	m	å	k
g	a	a	l	l	e	n	n	h	æ	g	s	p	i	l	s	k	w	f	ø	p	w	n	n	
h	æ	æ	p	i	x	n	t	s	l	p	k	e	y	å	x	s	g	p	z	n	r	w	v	s
e	j	ø	m	f	a	u	j	k	e	ø	l	k	r	g	v	z	u	n	g	e	å	z	d	t
i	i	a	j	a	y	æ	r	m	e	s	n	e	a	r	e	t	s	ø	s	d	e	t	s	e
å	f	m	i	m	z	ø	å	h	i	f	å	r	e	x	o	h	t	j	o	h	a	w	h	p
b	o	c	w	i	t	b	e	n	x	h	x	æ	p	e	h	e	n	b	r	l	v	w	b	s
y	å	z	m	l	w	g	d	y	æ	o	z	p	l	e	å	n	f	j	a	t	a	s	j	i
t	l	t	e	y	i	z	e	e	k	v	p	s	c	a	r	f	j	æ	n	j	x	t	æ	s
v	p	k	t	c	y	n	c	u	o	k	k	m	b	c	h	t	p	l	g	v	a	t	d	t
l	t	y	h	y	i	i	r	s	e	i	t	k	c	e	n	a	n	o	e	x	y	d	w	e
d	c	g	t	r	z	d	b	t	a	n	t	e	ø	u	x	d	g	u	i	h	x	a	l	r
j	h	l	æ	m	a	u	h	t	w	f	n	x	e	a	s	e	s	f	a	m	d	h	b	e
x	e	a	j	x	h	n	i	b	c	f	n	r	t	i	i	o	m	g	o	s	i	w	j	z

Find all Danish and English words in the puzzle.

Danish	**English**
tørklæde *[n]*	scarf
is *[c]*	ice
appelsin *[c]*	orange
tante *[c]*	aunt
pære *[c]*	pear
høne *[c]*	hen
slips *[n]*	necktie
stedsøster *[c]*	stepsister
familie *[c]*	family
taxa *[c]*	taxi

Puzzle #39

m	v	f	å	v	g	y	e	j	a	v	f	a	b	h	z	i	h	d	x	g	ø	ø	æ	a
j	l	e	u	æ	ø	x	n	v	e	æ	v	b	z	i	a	u	æ	i	b	t	v	o	r	m
å	ø	g	a	b	g	n	i	p	e	e	l	s	h	ø	p	p	u	f	a	t	w	s	p	f
p	h	ø	n	v	i	b	k	n	b	æ	d	i	n	p	e	c	g	o	l	o	i	s	f	h
x	r	e	d	l	u	o	h	s	m	g	t	b	i	u	o	s	c	j	y	n	e	b	x	u
a	x	s	k	u	l	d	e	r	o	u	e	c	n	a	p	r	o	å	o	g	æ	t	f	z
r	v	p	f	p	z	i	j	x	n	p	t	b	n	i	s	o	r	p	a	u	w	u	t	r
i	v	k	o	l	c	h	x	g	u	u	t	a	a	u	b	r	z	h	e	e	l	s	o	å
u	b	l	æ	e	h	r	e	h	r	t	c	o	ø	n	h	å	ø	g	s	v	v	o	t	n
t	a	b	h	o	w	l	l	e	u	æ	c	a	å	u	a	y	m	m	f	ø	o	å	i	i
j	n	u	n	t	p	s	f	b	g	n	d	v	c	v	z	n	h	o	j	r	e	s	c	s
x	a	k	d	s	b	x	c	i	l	t	z	c	x	å	g	k	a	s	t	t	u	å	p	i
j	n	v	r	d	g	ø	h	l	e	k	u	j	w	v	y	n	x	s	y	m	ø	i	o	a
a	z	i	h	u	å	y	s	h	v	s	d	l	h	y	c	p	d	e	l	l	i	b	t	r
c	t	g	u	r	f	r	v	z	e	y	f	r	a	k	k	e	d	å	h	u	z	i	m	s

Find all Danish and English words in the puzzle.

Danish	English
tunge *[c]*	tongue
sovepose *[c]*	sleeping bag
billed *[n]*	picture
rosin *[c]*	raisin
banan *[c]*	banana
ugle *[c]*	owl
skulder *[c]*	shoulder
frakke *[c]*	coat
frugt *[c]*	fruit
is *[c]*	ice

Puzzle #40

p	g	w	s	b	e	ø	e	l	k	r	i	l	w	t	u	æ	f	h	p	æ	e	h	a	å
o	h	j	s	g	d	a	o	b	ø	h	t	x	u	å	i	æ	h	v	g	h	o	u	s	e
f	d	u	v	x	d	c	o	t	c	y	w	g	æ	z	z	u	g	w	å	p	u	ø	å	c
k	æ	g	i	h	i	d	r	e	t	h	g	u	a	d	u	a	s	t	t	h	c	æ	n	b
j	j	g	s	g	k	k	c	x	y	s	m	f	z	r	u	c	z	ø	u	e	s	f	j	m
u	z	j	f	j	e	a	p	b	t	p	a	n	d	e	c	n	t	s	d	u	e	s	y	g
d	v	e	g	e	t	a	b	l	e	u	e	z	l	t	r	æ	k	r	å	t	r	t	æ	o
y	j	o	c	i	g	a	s	t	n	ø	r	g	z	e	n	a	a	u	å	e	j	w	h	æ
l	a	o	e	i	l	i	m	a	f	u	m	a	w	d	o	z	p	n	t	r	ø	g	a	n
i	k	z	l	y	t	p	t	g	y	l	e	a	e	n	r	p	u	t	g	c	y	d	e	o
m	k	y	m	d	å	æ	u	g	e	s	r	r	e	g	ø	h	u	æ	p	d	m	t	m	l
a	e	m	p	w	y	l	z	j	f	d	l	y	y	s	m	b	ø	k	s	k	u	f	f	e
f	s	v	f	r	y	i	n	g	p	a	n	e	b	e	s	y	v	i	n	e	g	a	r	y
n	æ	s	p	w	x	n	i	b	a	e	e	a	k	l	h	x	d	w	x	v	f	k	æ	a
i	t	p	n	f	n	r	o	f	k	p	c	r	æ	n	d	a	t	t	e	r	u	g	l

Find all Danish and English words in the puzzle.

Danish	English
eddike *[c]*	vinegar
grøntsag *[c]*	vegetable
hus *[n]*	house
pande *[c]*	frying pan
smør *[n]*	butter
tænder *[cp]*	teeth
datter *[c]*	daughter
skuffe *[c]*	drawer
familie *[c]*	family
jakkesæt *[n]*	suit

Puzzle #41

n	æ	a	l	x	e	i	l	ø	g	h	r	n	y	b	u	d	m	v	g	x	t	ø	f	n
t	j	g	p	t	s	æ	h	u	s	t	r	u	f	x	u	e	e	w	r	å	n	w	d	y
p	n	r	d	å	l	r	a	y	ø	y	s	i	n	x	s	g	r	y	æ	l	f	p	ø	k
z	n	h	f	r	r	x	c	f	t	o	t	c	r	s	æ	p	p	c	å	j	s	c	u	ø
d	e	u	j	a	c	u	a	j	y	m	o	e	d	i	d	k	j	m	u	e	h	h	p	a
r	c	d	u	b	ø	p	f	n	t	a	m	f	ø	l	r	å	a	l	r	i	t	a	o	g
s	i	g	l	b	e	d	l	o	u	d	a	j	e	b	v	v	e	m	r	w	æ	b	l	t
n	a	u	s	ø	h	y	a	s	w	e	c	b	f	v	e	r	æ	j	d	a	r	å	g	b
j	s	n	g	o	k	d	m	a	d	i	h	a	a	y	e	ø	w	e	o	v	u	n	d	t
e	r	o	r	r	i	m	j	h	o	g	f	l	f	h	s	r	o	a	o	æ	u	g	y	u
c	c	o	l	w	i	e	æ	s	t	x	j	e	c	a	u	p	o	n	f	e	t	g	a	y
f	e	j	æ	a	s	v	t	x	j	e	u	y	p	r	o	p	a	k	i	e	c	æ	v	j
t	u	s	s	e	æ	o	ø	f	p	y	w	a	u	o	l	w	y	d	i	o	d	k	x	l
f	p	w	j	æ	h	a	k	s	c	e	o	o	l	p	b	a	i	c	m	g	n	w	s	i
e	e	n	l	æ	r	æ	r	w	d	y	f	w	v	s	ø	i	o	j	v	n	f	o	b	t

Find all Danish and English words in the puzzle.

Danish	English
tusse *[c]*	toad
løg *[n]*	onion
mave *[c]*	stomach
jaguar *[c]*	jaguar
hustru *[c]*	wife
mad *[c]*	food
bluse *[c]*	blouse
is *[c]*	ice
ged *[c]*	goat
spejl *[n]*	mirror

41

Puzzle #42

f	b	o	o	k	c	a	s	e	n	f	j	k	f	n	r	c	n	ø	ø	o	l	h	å	d
o	y	x	l	h	g	b	m	c	h	o	k	o	l	a	d	e	b	a	r	a	g	h	o	m
h	o	y	f	a	p	b	r	j	i	l	v	h	z	v	s	r	ø	w	e	a	o	f	h	
i	u	j	æ	l	z	l	l	x	n	l	d	f	p	r	a	å	y	t	r	m	r	h	x	u
p	k	d	x	s	å	s	k	x	s	m	n	p	a	o	n	z	w	r	a	u	g	a	j	o
n	k	s	ø	t	z	e	t	p	t	p	p	b	a	å	s	b	p	r	r	u	x	k	l	u
d	j	a	u	s	o	z	c	n	n	y	h	n	t	h	o	f	t	e	a	r	p	æ	l	
s	t	m	g	l	d	ø	r	e	a	a	i	h	w	g	t	i	t	s	ø	b	x	a	v	l
r	å	o	g	e	t	d	m	p	r	æ	r	h	r	t	x	y	u	æ	h	æ	b	k	n	w
t	a	w	v	f	t	e	v	c	u	o	o	e	k	c	z	y	h	u	i	d	x	i	m	t
w	p	u	u	r	o	f	n	c	a	l	o	x	r	a	j	e	n	o	c	o	g	m	t	e
ø	c	z	g	x	u	h	s	t	t	l	b	z	ø	d	n	g	å	e	b	s	k	w	u	o
y	w	d	ø	a	t	w	j	e	s	s	o	h	c	å	r	i	i	k	a	h	m	g	å	n
d	ø	u	c	z	j	ø	h	æ	e	y	g	z	c	y	å	c	n	a	i	g	p	s	n	g
d	p	n	b	l	f	t	d	p	r	r	a	b	e	t	a	l	o	c	o	h	c	u	h	y

Find all Danish and English words in the puzzle.

Danish	**English**
hals *[c]*	throat
restaurant *[c]*	restaurant
bogreol *[c]*	bookcase
chokoladebar *[c]*	chocolate bar
sulten *[adj]*	hungry
hofte *[c]*	hip
dør *[c]*	door
kage *[c]*	cake
jaguar *[c]*	jaguar
kanin *[c]*	rabbit

Puzzle #43

p	t	s	z	æ	f	r	a	k	k	e	m	z	k	ø	l	k	a	k	p	t	h	w	a	j
ø	i	y	m	r	n	d	r	c	t	v	b	e	r	æ	w	i	d	j	x	i	p	d	o	w
f	j	i	e	l	j	a	æ	y	p	k	k	b	x	g	l	c	å	ø	d	b	a	t	i	d
n	n	x	e	p	a	r	g	a	d	æ	d	r	e	e	u	o	h	r	s	b	i	å	b	e
u	i	w	p	e	a	s	v	k	x	l	j	p	å	d	å	f	u	c	g	a	l	w	x	p
r	f	n	m	c	v	l	v	p	l	y	u	g	b	æ	n	e	i	k	c	r	y	y	h	t
l	y	i	a	g	m	y	l	w	u	l	r	m	d	h	l	a	m	p	u	ø	j	a	j	i
p	f	n	l	k	e	v	x	i	u	y	g	c	o	ø	u	æ	p	h	g	n	l	p	l	u
å	k	l	j	s	g	v	h	l	g	z	æ	o	g	h	f	z	j	i	h	l	p	k	v	k
b	b	p	c	ø	g	f	r	j	o	a	n	a	m	æ	l	o	n	z	i	n	y	t	w	j
k	g	d	v	a	ø	w	k	s	t	v	t	t	m	m	r	o	p	g	g	c	h	b	å	s
a	s	w	m	t	b	z	p	s	p	n	d	o	g	t	k	t	a	m	n	m	z	v	b	n
s	h	w	r	x	l	p	e	ø	r	e	e	d	r	s	i	t	m	æ	u	o	å	i	c	p
p	w	y	o	n	s	t	i	c	e	c	r	e	a	m	o	m	w	j	v	l	æ	c	p	w
j	t	n	a	p	g	n	i	y	r	f	e	m	z	r	j	f	j	g	å	d	e	s	æ	p

Find all Danish and English words in the puzzle.

Danish	English
muldyr [n]	mule
frakke [c]	coat
æg [n]	egg
kanin [c]	rabbit
alligator [c]	alligator
hjort [c]	deer
lampe [c]	lamp
is [c]	ice-cream
pande [c]	frying pan
drue [c]	grape

43

Puzzle #44

ø	j	d	s	x	j	u	r	å	h	m	b	g	s	v	g	n	å	w	e	l	s	u	f	w
x	v	o	k	i	p	g	o	f	e	h	z	r	y	u	g	s	n	s	g	u	p	r	z	t
r	w	g	s	l	d	a	e	ø	e	d	y	r	g	o	g	p	g	r	a	z	n	n	t	e
j	g	ø	l	ø	d	e	h	s	e	m	ø	z	n	p	y	a	e	j	t	u	b	a	å	l
a	a	e	x	s	i	a	a	r	x	w	å	n	k	g	e	k	r	z	e	l	x	l	o	c
j	j	g	m	r	i	i	l	e	æ	d	e	k	s	y	k	z	c	b	p	x	n	h	w	n
d	w	j	u	r	o	æ	n	l	o	å	k	x	v	u	æ	a	ø	z	r	i	l	r	u
p	d	p	z	a	y	j	l	g	i	x	l	g	s	n	å	x	d	h	a	k	a	s	g	m
z	o	c	v	ø	r	v	o	ø	m	r	p	b	s	z	c	u	j	e	v	d	a	t	a	k
t	j	a	g	u	a	r	h	r	h	c	o	v	l	n	y	m	d	p	n	l	n	h	i	s
e	i	z	o	g	i	x	ø	c	c	n	t	g	e	y	z	h	p	a	a	b	r	a	æ	j
d	f	k	v	l	z	s	n	k	o	a	r	a	k	d	r	k	p	d	m	b	o	m	p	w
c	f	å	l	n	b	æ	i	i	l	æ	ø	p	n	f	l	o	o	r	j	ø	a	v	t	å
o	y	a	e	d	ø	c	n	a	v	r	m	u	o	j	v	e	w	y	å	d	g	e	p	ø
w	s	i	n	p	k	o	s	j	y	y	o	b	t	å	æ	o	ø	m	a	o	s	s	ø	n

Find all Danish and English words in the puzzle.

Danish

gorilla *[c]*
etage *[c]*
onkel *[c]*
jaguar *[c]*
sukker *[n]*
gryde *[c]*
panda *[c]*
salat *[c]*
løg *[n]*
hår *[n]*

English

gorilla
floor
uncle
jaguar
sugar
pot
panda
salad
onion
hair

Puzzle #45

y	ø	v	u	i	d	j	d	e	f	c	c	h	i	n	d	o	k	m	r	x	r	w	r	x
æ	k	e	æ	l	m	m	u	n	m	d	k	c	y	n	z	x	i	æ	w	k	j	u	s	p
s	l	g	w	w	l	g	r	ø	n	t	s	a	g	ø	a	ø	c	p	r	t	m	f	c	u
b	æ	e	s	c	u	l	f	å	t	a	t	h	t	n	a	r	u	a	t	s	e	r	t	j
a	a	t	å	æ	j	y	i	h	r	c	b	k	l	i	a	n	r	e	g	n	i	f	æ	k
u	ø	a	t	c	h	i	n	å	u	l	y	r	i	n	o	k	z	d	s	y	v	w	i	u
p	c	b	a	k	m	c	k	i	u	e	c	c	k	c	o	l	c	h	j	d	e	æ	i	b
u	j	l	b	s	m	j	c	i	n	e	u	j	n	u	e	f	m	e	n	u	c	ø	i	r
v	ø	e	l	j	i	f	f	t	e	h	t	p	z	e	t	c	j	g	f	t	i	r	k	i
k	l	w	e	g	å	i	y	p	m	w	r	o	l	j	g	n	r	d	n	w	ø	v	v	å
d	n	a	p	b	s	t	n	a	r	u	a	t	s	e	r	l	r	e	ø	s	v	g	a	æ
f	r	b	a	a	r	w	o	p	x	e	i	a	l	k	s	d	ø	d	a	r	t	j	j	x
f	i	o	v	n	y	v	m	m	g	b	ø	a	b	s	b	a	l	r	e	m	b	ø	p	æ
æ	æ	z	b	a	k	v	b	a	z	t	f	o	h	c	e	n	d	w	ø	x	b	å	m	v
æ	n	j	n	n	e	l	h	r	ø	m	u	x	k	j	b	a	n	a	n	a	p	n	a	g

Find all Danish and English words in the puzzle.

Danish	English
banan *[c]*	banana
restaurant *[c]*	restaurant
is *[c]*	ice-cream
grøntsag *[c]*	vegetable
hjul *[n]*	wheel
hage *[c]*	chin
bord *[n]*	table
negl *[c]*	fingernail
ur *[n]*	clock
menu *[c]*	menu

45

Puzzle #46

e	e	l	b	a	t	e	g	e	v	w	x	w	j	r	h	s	s	x	m	h	c	s	å	f
t	g	i	s	n	a	v	i	e	k	b	å	h	g	r	ø	n	t	s	a	g	s	z	u	d
e	o	ø	x	r	å	c	l	ø	c	e	a	n	j	h	a	n	k	l	e	y	o	x	k	c
a	l	u	m	z	h	p	h	f	l	e	c	e	x	k	x	g	m	s	s	e	r	d	b	s
t	z	z	c	e	e	z	z	c	u	ø	i	m	å	å	p	ø	i	a	w	t	å	r	x	v
k	c	a	a	b	r	x	n	x	æ	g	g	n	p	u	z	e	b	r	a	e	o	n	g	b
o	d	ø	æ	r	t	u	m	k	c	å	å	z	x	f	z	v	x	ø	h	o	c	w	m	i
s	v	s	v	a	v	u	n	j	c	r	x	s	a	a	æ	f	z	m	m	z	å	e	i	n
t	f	a	i	å	z	æ	t	o	z	l	e	x	i	r	x	c	m	f	z	p	e	e	i	d
k	r	k	k	o	y	u	å	l	o	n	k	e	l	v	j	x	h	m	w	e	c	a	f	n
i	i	z	t	t	m	o	v	e	v	p	y	c	g	h	h	r	z	c	u	n	t	p	a	v
r	h	h	b	æ	k	r	j	j	i	l	b	å	n	d	ø	t	t	e	p	r	a	c	n	b
c	æ	g	f	p	y	g	n	t	s	o	x	k	a	z	k	d	x	å	x	c	w	j	k	t
r	b	t	h	p	c	i	v	u	æ	z	v	g	o	t	b	f	ø	i	l	ø	å	æ	e	e
l	m	z	w	e	u	p	å	g	t	e	e	s	e	s	o	o	g	k	s	s	e	i	l	c

Find all Danish and English words in the puzzle.

Danish	English
zebra *[c]*	zebra
grøntsag *[c]*	vegetable
tæppe *[n]*	carpet
onkel *[c]*	uncle
kost *[c]*	broom
kjole *[c]*	dress
ansigt *[n]*	face
niece *[c]*	niece
ankel *[c]*	ankle
gås *[c]*	goose

Puzzle #47

y	a	l	h	b	b	t	e	y	v	n	ø	w	y	å	j	k	v	w	z	i	y	p	g	g
u	u	h	t	e	j	r	e	v	t	h	o	t	v	i	g	i	p	k	t	i	a	l	k	t
x	n	n	f	b	l	e	g	g	e	o	o	s	a	z	z	d	p	x	g	a	z	r	æ	d
r	t	v	r	r	ø	t	a	æ	å	e	o	b	p	n	o	w	ø	e	ø	h	m	i	z	l
e	i	h	e	o	d	s	h	h	c	w	t	t	c	e	t	o	f	e	g	c	c	o	u	x
h	p	a	t	o	c	ø	j	s	s	v	a	s	h	j	t	e	h	å	s	e	f	m	t	j
t	s	j	s	m	c	s	m	t	d	y	n	u	y	z	ø	s	a	n	e	y	h	u	v	y
a	x	w	i	å	j	b	w	u	y	t	d	z	å	o	t	k	d	w	s	x	c	e	u	a
f	c	i	s	m	c	a	l	r	a	o	y	m	n	a	e	c	ø	t	x	p	u	g	a	x
r	h	n	æ	n	d	v	j	e	y	m	x	e	c	o	z	u	e	x	d	p	l	e	v	æ
b	i	z	l	p	y	m	n	d	s	a	c	s	e	t	v	d	a	z	a	e	ø	p	m	v
w	n	k	x	h	z	æ	u	a	æ	t	ø	y	u	ø	s	j	o	t	a	j	v	v	a	p
w	z	e	d	e	b	l	h	f	j	o	d	t	y	ø	g	c	n	j	g	ø	e	v	h	x
f	h	l	l	æ	w	o	k	o	s	t	u	ø	n	i	x	y	c	o	x	i	d	b	k	s
p	å	a	a	o	o	s	c	r	f	a	o	i	y	s	m	j	e	n	æ	y	h	h	y	b

Find all Danish and English words in the puzzle.

Danish	English
kost *[c]*	broom
hyæne *[c]*	hyena
ugle *[c]*	owl
tand *[c]*	tooth
tomat *[c]*	tomato
søster *[c]*	sister
stedsøn *[c]*	stepson
fader *[c]*	father
hage *[c]*	chin
tante *[c]*	aunt

47

Puzzle #48

i	g	ø	d	t	g	æ	ø	r	p	b	z	t	r	å	e	r	æ	p	s	j	s	h	p	r
b	w	m	i	y	b	m	n	e	u	e	s	i	a	d	æ	e	n	k	å	o	c	x	ø	g
y	a	j	e	æ	x	ø	u	h	c	p	a	u	m	r	g	å	u	n	c	a	b	n	m	s
e	i	f	r	u	g	t	h	d	i	s	æ	r	r	g	x	e	s	i	j	g	ø	f	o	f
u	t	y	h	a	i	r	b	s	v	i	l	f	ø	ø	v	s	v	b	j	m	c	u	o	c
e	e	å	ø	p	h	c	e	k	y	t	z	d	n	i	æ	g	i	u	g	y	å	f	r	s
z	r	y	a	æ	c	s	a	e	b	o	s	ø	t	p	r	e	p	m	ø	r	t	s	g	g
e	e	r	k	h	t	h	i	r	l	f	y	i	e	ø	y	b	å	o	n	y	r	d	n	n
z	n	f	j	u	e	t	ø	u	p	y	d	v	r	n	y	m	s	e	k	s	æ	o	i	i
s	e	h	e	ø	n	i	r	f	i	e	f	e	n	w	n	l	z	u	c	e	s	j	n	k
j	j	s	å	h	x	g	ø	o	o	x	t	r	l	o	e	c	y	y	f	b	i	y	i	c
m	t	e	t	t	æ	p	p	e	u	r	m	w	o	d	s	ø	c	h	å	r	t	k	d	o
d	a	h	u	d	å	g	e	c	d	h	t	p	v	n	n	d	t	z	k	t	v	w	m	t
a	w	w	u	æ	h	æ	x	m	w	e	s	æ	p	t	g	å	g	r	æ	v	w	t	c	s
l	m	c	o	o	r	y	v	n	z	g	t	b	v	æ	d	i	h	h	v	e	b	p	j	e

Find all Danish and English words in the puzzle.

Danish	**English**
hår *[n]*	hair
håndled *[n]*	wrist
ske *[c]*	spoon
pære *[c]*	pear
tjener *[c]*	waiter
æg *[n]*	egg
strømper *[cp]*	stockings
spisestue *[c]*	dining room
tæppe *[n]*	carpet
frugt *[c]*	fruit

Puzzle #49

l	s	k	æ	f	i	æ	k	d	å	l	h	t	o	l	c	e	l	b	a	t	k	j	g	d
æ	r	ø	j	n	e	h	e	i	k	u	g	m	t	g	w	c	y	j	r	z	e	å	a	k
ø	e	z	u	l	k	v	y	r	i	e	t	j	æ	o	æ	r	y	s	w	s	g	m	c	æ
ø	n	r	u	t	o	c	s	u	e	x	u	z	l	k	l	a	l	æ	l	l	r	p	a	p
z	ø	j	y	h	w	a	w	g	m	k	d	f	s	k	l	g	s	s	m	u	y	c	r	j
ø	h	i	z	e	e	a	g	r	m	æ	k	a	v	v	x	u	m	h	i	f	n	j	r	s
g	h	s	r	l	b	å	a	å	g	u	k	u	p	u	g	s	t	y	m	r	h	g	o	t
u	j	ø	u	e	e	f	o	h	k	u	i	c	s	p	y	b	v	e	g	e	g	a	t	e
b	f	n	f	b	d	c	i	m	w	j	y	t	h	x	j	l	x	k	r	e	u	d	o	p
å	g	j	k	e	s	g	w	a	e	b	r	i	j	e	u	r	o	n	r	z	l	x	h	f
e	e	d	t	j	y	z	å	n	b	e	g	n	y	b	a	f	f	o	y	e	e	b	y	a
c	k	s	i	e	ø	m	n	s	s	y	g	s	z	j	g	d	s	m	æ	r	r	p	i	t
æ	h	d	æ	i	e	f	l	y	m	k	b	l	i	s	o	æ	i	g	n	w	o	y	v	h
c	z	u	e	t	å	e	r	j	i	y	v	w	h	b	h	u	b	v	i	i	d	å	z	e
k	d	g	u	a	i	f	v	r	h	æ	u	f	o	w	h	v	k	a	b	l	ø	e	u	r

Find all Danish and English words in the puzzle.

Danish	English
stedfar *[c]*	stepfather
ulv *[c]*	wolf
hoved *[n]*	head
høne *[c]*	hen
fryser *[c]*	freezer
sukker *[n]*	sugar
lunge *[c]*	lung
abe *[c]*	monkey
dug *[c]*	tablecloth
gulerod *[c]*	carrot

Puzzle #50

x	u	ø	l	e	t	r	e	j	h	f	o	l	y	j	b	w	e	r	s	j	m	n	a	o
f	h	e	a	r	t	c	i	m	h	v	s	t	s	s	p	r	e	a	v	w	g	x	å	r
w	t	d	n	a	s	k	y	y	i	t	o	r	t	v	p	z	e	h	p	l	i	a	g	k
y	å	h	w	h	e	e	t	x	o	a	i	t	a	k	g	k	s	t	p	w	a	e	æ	x
l	å	g	z	s	c	å	o	m	a	r	x	t	m	i	r	r	o	r	s	e	e	z	å	f
æ	s	v	u	u	u	ø	a	v	z	m	d	l	a	n	e	e	s	d	l	i	n	g	k	å
n	p	v	t	h	e	c	r	f	z	o	j	i	æ	l	g	e	o	m	o	å	s	t	s	ø
æ	x	t	n	i	h	m	ø	k	g	s	c	t	r	a	a	v	e	g	e	t	a	b	l	e
å	e	k	u	t	ø	r	r	r	c	e	b	i	r	å	k	s	j	x	e	ø	d	t	h	a
l	z	d	g	o	å	y	ø	j	c	j	w	e	y	n	æ	m	y	a	f	l	c	f	e	a
o	t	o	y	c	d	n	v	r	m	n	v	æ	i	u	c	a	z	k	y	g	j	i	å	ø
j	e	p	r	w	t	c	e	t	r	e	b	r	h	j	t	v	g	m	k	d	k	e	m	å
c	g	j	h	s	a	a	n	x	b	x	d	k	o	k	f	e	w	t	y	z	r	n	p	d
y	b	a	a	t	m	x	æ	m	s	t	p	r	z	f	y	l	b	å	t	å	h	l	æ	s
t	y	g	u	x	k	c	c	r	i	p	y	s	ø	s	t	e	r	n	n	l	ø	f	t	i

Find all Danish and English words in the puzzle.

Danish	English
mave *[c]*	stomach
salat *[c]*	lettuce
spejl *[n]*	mirror
søster *[c]*	sister
is *[c]*	ice-cream
drink *[c]*	beverage
hjerte *[n]*	heart
kat *[c]*	cat
grøntsag *[c]*	vegetable
nevø *[c]*	nephew

50

Puzzle #51

m	y	d	y	k	z	æ	c	v	p	p	w	h	o	ø	b	o	p	h	r	f	y	g	z	u
c	i	a	h	p	o	r	c	u	p	i	n	e	i	c	d	æ	w	m	d	n	u	o	c	å
r	o	a	i	h	k	o	h	a	w	i	s	i	u	e	g	n	a	l	s	e	r	r	y	x
o	j	r	s	p	æ	j	x	m	a	b	x	y	i	j	n	j	o	p	g	d	a	i	u	h
æ	e	o	d	g	o	ø	i	l	w	y	p	j	f	n	i	n	s	o	e	g	l	r	r
a	v	p	r	r	ø	ø	d	y	l	a	n	t	p	u	m	x	r	a	r	r	e	l	e	t
x	l	i	t	d	e	r	s	a	e	k	u	m	w	c	f	c	v	n	i	d	n	a	å	e
n	h	n	l	w	n	k	e	j	t	b	r	k	b	y	j	r	u	o	l	e	i	d	t	n
å	d	d	c	m	i	ø	l	g	n	u	p	e	g	n	e	p	ø	e	l	l	v	f	h	å
z	l	s	u	r	a	n	d	x	o	s	å	t	e	k	s	v	s	å	a	h	v	l	d	i
ø	æ	v	t	r	c	w	n	h	u	n	o	w	i	e	t	r	g	r	t	u	n	a	e	p
ø	x	i	l	c	t	i	g	e	r	a	e	y	f	b	o	x	e	æ	i	å	w	r	z	j
d	å	n	j	z	h	i	r	w	z	k	z	æ	d	h	x	g	f	h	a	w	y	i	v	w
b	s	s	i	s	u	æ	k	w	e	e	n	f	z	i	i	s	c	u	s	x	o	e	c	p
e	k	i	d	d	e	e	r	å	d	æ	p	j	d	t	s	e	h	n	k	y	å	s	ø	z

Find all Danish and English words in the puzzle.

Danish	English
pengepung *[c]*	wallet
slange *[c]*	snake
tiger *[c]*	tiger
eddike *[c]*	vinegar
jordnød *[c]*	peanut
gorilla *[c]*	gorilla
hjort *[c]*	deer
hest *[c]*	horse
pindsvin *[n]*	porcupine
nederdel *[c]*	skirt

Puzzle #52

r	k	c	v	j	c	s	w	s	z	e	d	v	m	y	å	i	n	f	d	o	j	e	u	z
o	d	o	u	ø	v	m	d	ø	a	r	z	c	k	v	a	m	l	c	v	l	l	i	w	t
f	u	å	h	s	m	h	k	å	c	k	e	p	a	n	t	h	e	r	u	b	ø	k	b	p
s	h	f	k	f	b	e	z	p	y	s	l	m	m	k	v	z	l	m	o	c	c	i	f	ø
o	h	o	a	w	h	o	o	p	r	i	c	e	r	x	s	s	w	b	d	o	l	h	k
i	r	e	f	l	w	x	l	t	w	x	w	o	å	a	z	i	r	a	f	y	f	y	p	r
s	z	n	e	i	b	y	m	b	l	x	e	y	n	d	e	m	e	h	u	b	e	o	f	z
h	r	v	m	t	k	u	i	ø	o	e	r	n	a	k	g	m	t	v	t	n	o	g	å	i
i	å	g	p	z	w	p	e	d	g	æ	å	i	n	e	h	t	n	a	a	t	o	g	z	u
æ	p	r	u	u	r	k	v	n	m	s	t	k	a	v	n	ø	a	g	r	ø	d	z	å	f
e	l	r	i	a	h	y	h	a	y	p	y	s	b	ø	n	æ	p	r	w	b	c	j	d	b
u	o	z	x	a	z	y	g	j	r	a	b	a	n	a	n	a	y	m	x	u	å	u	j	l
t	z	e	k	v	o	g	u	i	g	w	w	å	p	æ	e	m	w	h	m	u	c	s	o	g
d	o	x	å	i	p	y	s	m	l	r	w	b	n	e	x	k	n	e	e	k	r	o	å	æ
k	n	æ	o	a	d	h	æ	w	a	d	å	b	z	y	u	o	s	z	s	ø	c	w	n	ø

Find all Danish and English words in the puzzle.

Danish	English
banan *[c]*	banana
hud *[c]*	skin
hyæne *[c]*	hyena
ark *[n]*	sheet
albue *[c]*	elbow
and *[c]*	duck
pris *[c]*	price
panter *[c]*	panther
knæ *[n]*	knee
hår *[n]*	hair

52

Puzzle #53

w	l	j	r	b	h	s	n	å	g	b	y	p	d	n	n	w	r	v	o	p	m	c	r	i
k	t	p	g	x	g	c	w	l	k	k	u	a	x	k	d	v	n	t	s	w	z	w	g	n
e	r	h	v	n	j	l	x	t	u	x	æ	e	a	a	b	ø	a	s	d	x	x	f	z	s
e	o	æ	j	w	g	i	s	k	f	e	s	n	s	h	f	o	n	h	v	n	w	k	j	y
p	p	d	f	n	s	e	æ	d	f	t	å	a	v	r	x	p	k	d	t	u	b	m	a	l
v	r	d	j	d	h	b	j	d	e	y	p	e	o	p	o	u	e	v	r	f	n	r	k	k
g	i	ø	r	æ	t	x	i	i	r	c	l	a	e	v	r	h	b	e	f	o	u	f	t	i
v	a	e	f	b	x	t	æ	r	t	o	a	e	n	i	z	c	l	x	æ	m	j	l	j	e
p	s	e	o	å	v	u	r	o	j	m	h	d	y	d	æ	n	k	v	u	w	c	p	e	o
s	r	z	o	t	å	ø	w	k	o	s	w	z	j	f	a	u	o	f	t	u	n	å	æ
m	a	l	e	s	a	c	t	i	u	s	l	t	u	n	a	e	p	n	æ	f	k	j	v	y
t	t	f	v	x	b	b	h	p	x	z	æ	a	c	m	l	a	b	f	m	p	v	e	p	u
j	u	å	g	b	o	r	x	u	h	u	y	r	b	m	t	x	k	v	p	a	n	d	a	æ
c	ø	r	å	p	e	y	k	i	s	o	t	m	w	j	m	z	g	e	l	y	h	v	t	b
l	m	k	p	z	k	n	j	a	z	m	j	l	n	j	a	f	f	i	n	v	f	æ	v	m

Find all Danish and English words in the puzzle.

Danish	English
lam *[n]*	lamb
kjole *[c]*	dress
lufthavn *[c]*	airport
hest *[c]*	horse
knæ *[n]*	knee
jordnød *[c]*	peanut
panda *[c]*	panda
kuffert *[c]*	suitcase
får *[n]*	sheep
ben *[n]*	leg

Puzzle #54

f	c	p	n	x	o	å	ø	w	n	å	s	a	c	i	g	b	l	s	e	d	l	y	h	n
m	d	o	a	u	f	u	e	m	w	w	æ	æ	b	k	o	u	l	b	k	j	d	m	l	h
c	e	z	o	u	c	s	m	u	l	e	o	i	j	h	g	i	h	å	d	f	e	ø	a	v
n	s	l	j	å	z	k	b	d	k	t	l	k	u	g	p	e	d	l	c	å	u	m	b	t
u	n	d	o	n	j	l	g	t	o	b	r	s	o	p	i	k	s	g	t	w	z	o	k	ø
n	i	g	s	n	v	a	m	k	l	i	c	k	e	s	l	s	k	x	e	c	d	b	å	d
e	ø	o	h	o	r	s	e	v	h	l	o	r	ø	l	y	d	a	o	f	d	w	s	k	e
v	p	y	v	m	l	h	l	u	å	k	s	v	e	m	h	n	a	n	f	s	a	e	b	å
o	x	w	n	e	b	e	o	u	s	n	h	h	i	u	m	a	e	l	j	f	a	t	å	d
l	i	c	h	d	t	s	n	e	o	h	m	k	h	l	ø	h	e	s	å	n	h	a	v	k
g	x	v	s	a	o	t	m	o	g	ø	h	u	ø	d	u	h	ø	å	g	k	l	l	r	y
ø	x	x	v	l	k	m	p	x	f	a	å	n	p	y	s	z	r	v	u	g	o	p	t	l
d	r	w	r	p	e	æ	t	w	l	j	o	æ	r	r	å	r	p	c	ø	s	r	g	h
h	a	n	d	j	p	w	f	k	x	z	m	s	g	w	m	j	y	d	å	h	y	n	d	b
k	a	s	h	c	r	o	m	f	h	a	n	d	æ	e	s	ø	x	a	b	d	p	s	u	m

Find all Danish and English words in the puzzle.

Danish	**English**
hjemmesko *[cp]*	slippers
hånd *[c]*	hand
høg *[c]*	hawk
muldyr *[n]*	mule
handske *[c]*	glove
melon *[c]*	melon
ske *[c]*	spoon
plade *[c]*	plate
hylde *[n]*	shelf
hest *[c]*	horse

54

Puzzle #55

å	a	x	b	v	s	m	e	c	s	w	m	å	v	f	r	m	a	v	e	g	i	f	å	v
r	j	d	a	e	r	b	c	z	j	y	ø	å	l	æ	y	a	r	g	b	o	i	f	v
a	r	l	y	d	s	r	o	c	g	e	s	l	p	b	g	w	d	å	j	c	r	h	æ	h
c	t	y	p	p	s	y	v	b	o	n	e	n	t	å	z	t	a	i	æ	y	i	æ	m	c
w	r	p	v	i	o	å	x	j	v	o	d	å	l	n	i	n	a	k	s	o	g	g	æ	a
g	a	e	e	z	n	ø	æ	z	z	j	t	i	ø	r	k	o	c	w	x	h	n	z	ø	m
z	z	r	æ	a	m	g	s	t	a	n	ø	k	p	l	b	n	f	g	å	i	æ	u	s	o
t	d	f	b	p	å	p	z	g	e	o	j	n	e	c	n	y	u	v	n	c	y	t	å	t
r	ø	i	t	y	s	e	h	t	o	l	c	m	l	n	i	w	f	t	o	s	x	v	r	s
a	n	h	h	h	z	h	z	æ	v	z	i	p	g	t	x	u	g	m	n	w	n	e	a	f
d	n	i	k	t	g	w	p	b	r	ø	d	b	o	ø	x	æ	z	z	p	e	å	o	b	n
i	e	a	i	m	v	i	n	x	t	m	h	h	n	a	l	w	æ	k	g	j	c	c	b	ø
s	t	e	r	e	c	v	e	x	æ	å	a	e	k	s	m	a	h	v	æ	v	d	k	i	s
e	g	w	å	t	b	n	t	w	t	x	y	c	z	v	r	e	ø	x	d	s	r	n	t	u
p	v	a	e	v	i	t	a	l	e	r	u	x	u	s	l	a	h	i	x	æ	s	i	c	g

Find all Danish and English words in the puzzle.

Danish	**English**
knogle *[c]*	bone
søn *[c]*	son
kanin *[c]*	rabbit
vægt *[c]*	weight
tøj *[cp]*	clothes
slægtning *[c]*	relative
hals *[c]*	neck
radise *[c]*	radish
mave *[c]*	stomach
brød *[n]*	bread

Puzzle #56

u	å	i	m	a	s	p	j	h	z	æ	h	p	s	g	r	y	d	l	u	m	j	å	f	l
d	c	k	u	p	å	f	h	p	z	e	a	å	a	l	d	o	u	t	å	p	o	r	k	r
r	e	s	s	a	k	z	a	å	æ	f	g	i	å	n	d	r	i	m	ø	u	æ	n	p	e
u	v	g	h	v	b	n	s	z	e	æ	å	f	d	æ	t	x	p	ø	d	f	v	i	a	g
p	l	k	u	z	t	æ	b	m	h	s	å	s	h	w	u	h	t	y	d	n	a	h	z	n
ø	m	l	g	e	å	t	g	u	r	f	l	w	a	t	e	r	e	c	b	z	a	y	v	i
t	f	a	r	i	v	t	h	e	i	m	b	o	d	y	g	r	j	r	w	a	s	v	c	f
d	f	g	l	w	g	w	æ	l	l	a	l	l	i	g	a	t	o	r	a	x	d	e	p
k	s	i	c	f	v	m	p	r	o	t	a	g	i	l	l	a	a	e	r	i	e	u	r	g
f	b	d	n	a	h	e	t	ø	ø	d	ø	w	t	ø	t	f	r	w	n	u	s	w	k	v
w	r	o	c	g	o	e	m	e	å	d	ø	n	m	v	o	h	p	z	n	z	m	a	j	r
ø	x	u	x	i	e	e	l	k	g	æ	b	h	x	s	j	k	å	b	i	r	r	b	w	k
r	d	f	i	m	i	r	f	h	p	å	y	å	x	å	l	h	f	w	j	ø	i	w	o	s
æ	n	i	k	t	o	h	h	s	g	e	p	m	a	l	u	z	e	l	u	m	h	y	l	t
s	s	y	j	c	æ	d	d	e	c	i	p	w	r	p	f	d	o	o	k	u	z	j	k	s

Find all Danish and English words in the puzzle.

Danish	English
vand *[n]*	water
alligator *[c]*	alligator
hand *[c]*	hand
kasse *[c]*	box
panter *[c]*	panther
lampe *[c]*	lamp
frugt *[c]*	fruit
krop *[c]*	body
muldyr *[n]*	mule
finger *[c]*	finger

Puzzle #57

g	e	a	v	u	w	c	h	j	b	k	z	f	d	s	l	j	u	x	e	k	o	c	s	m
m	g	o	r	i	l	l	a	a	u	å	h	u	e	l	k	n	a	f	æ	l	m	k	p	n
æ	a	r	u	æ	l	i	t	a	d	u	c	h	i	n	c	a	ø	v	y	e	a	s	f	
f	a	n	d	d	l	y	t	æ	t	f	p	v	c	h	j	ø	æ	x	a	p	l	l	e	b
o	n	s	o	i	b	o	e	k	s	a	l	f	m	y	e	g	a	h	a	p	o	å	e	h
r	z	z	r	l	å	o	æ	z	r	u	f	u	å	g	æ	æ	r	a	p	t	n	j	ø	b
k	j	o	å	e	e	e	s	d	e	y	m	y	m	c	c	r	p	g	b	ø	g	w	d	b
ø	g	b	d	p	n	m	g	m	u	k	d	w	å	d	å	p	g	b	ø	y	k	g	m	y
t	f	r	m	m	w	b	y	n	g	c	h	l	n	h	e	s	a	n	d	l	a	a	k	k
r	h	u	m	g	å	a	a	p	a	e	k	y	u	l	æ	x	å	t	a	x	i	f	k	n
f	l	z	c	o	n	h	h	k	h	r	s	z	s	m	k	n	ø	h	a	c	i	f	k	r
e	n	x	p	k	r	s	o	r	g	h	o	i	w	r	e	k	i	l	x	v	b	e	m	b
y	r	g	e	g	æ	z	y	r	x	u	n	b	e	æ	r	æ	t	å	t	x	z	l	l	y
s	s	l	e	h	k	æ	e	s	j	v	p	v	l	h	y	b	w	d	g	w	b	z	d	z
j	o	g	p	c	b	l	y	s	t	ø	y	m	w	m	n	b	b	o	t	t	l	e	h	d

Find all Danish and English words in the puzzle.

Danish	**English**
and *[c]*	duck
hage *[c]*	chin
appelsin *[c]*	orange
flaske *[c]*	bottle
ankel *[c]*	ankle
taxa *[c]*	taxi
melon *[c]*	melon
gorilla *[c]*	gorilla
muldyr *[n]*	mule
gaffel *[c]*	fork

Puzzle #58

a	h	s	k	c	o	s	r	j	f	v	o	h	k	h	b	w	m	r	a	f	n	r	æ	t
m	b	n	a	m	u	t	z	a	u	b	æ	s	æ	c	j	r	n	ø	t	t	e	m	b	b
s	o	k	k	e	r	å	d	a	ø	v	u	o	x	o	d	å	å	m	t	t	p	p	o	x
t	k	m	e	o	n	j	m	m	h	a	n	d	b	a	g	j	e	s	t	o	b	å	w	f
s	a	x	s	r	r	b	å	a	v	e	c	e	i	n	y	s	f	u	u	g	o	s	l	z
e	g	m	w	a	p	m	l	e	f	f	n	h	æ	f	s	ø	b	u	e	e	e	t	r	f
h	k	ø	ø	n	ø	b	t	ø	f	d	æ	l	j	a	v	æ	e	f	p	p	y	u	h	g
z	l	x	a	g	z	v	i	n	e	i	a	s	g	p	h	å	n	d	t	a	s	k	e	ø
m	e	h	m	e	i	b	d	k	i	e	n	e	n	r	h	l	l	a	j	g	s	h	n
j	s	x	h	s	p	r	s	f	m	s	s	ø	d	f	e	o	p	w	a	k	ø	w	h	c
s	ø	o	p	y	x	e	e	x	e	t	l	u	g	n	h	u	r	y	å	e	n	ø	j	g
ø	f	h	n	k	b	å	m	h	x	x	z	e	ø	l	k	u	e	s	r	e	c	x	g	x
o	e	t	a	n	d	x	d	t	v	c	l	i	p	l	å	k	s	d	e	z	r	e	h	d
j	m	o	z	z	æ	v	c	j	i	d	w	c	k	p	p	å	u	i	v	w	x	x	i	z
d	j	p	e	æ	å	x	i	a	l	f	o	r	f	a	x	n	o	r	æ	æ	r	b	n

Find all Danish and English words in the puzzle.

Danish	English
skål *[c]*	bowl
besked *[c]*	message
håndtaske *[c]*	handbag
måltid *[n]*	meal
appelsin *[c]*	orange
hest *[c]*	horse
niece *[c]*	niece
smør *[n]*	butter
tand *[c]*	tooth
sokker *[cp]*	socks

Puzzle #59

f	ø	v	m	u	g	g	h	i	r	k	c	k	g	p	a	w	x	s	y	d	m	w	z	c
t	g	d	n	u	h	s	t	e	p	m	o	t	h	e	r	f	p	w	u	e	d	p	l	t
k	g	s	w	i	m	m	i	n	g	p	o	o	l	f	i	æ	w	w	y	l	z	u	a	w
a	g	å	h	w	f	e	e	g	d	r	p	y	j	a	m	a	s	m	r	d	c	y	g	r
h	n	x	w	i	i	p	s	y	y	f	n	l	p	m	u	æ	t	e	h	n	f	æ	e	o
u	t	å	s	a	s	i	p	t	t	l	z	æ	j	d	c	n	p	j	i	å	b	ø	a	m
æ	p	o	j	æ	j	v	s	f	r	w	k	f	s	c	b	h	c	k	n	h	a	z	g	d
å	b	l	l	w	i	i	ø	e	y	o	a	s	a	e	c	k	o	x	o	e	i	f	m	e
æ	o	a	o	c	r	i	l	m	l	p	s	h	m	h	h	o	t	h	c	o	r	l	v	t
m	g	d	d	w	e	g	l	k	m	k	b	r	a	w	f	o	n	å	e	æ	p	y	p	s
u	r	n	t	w	u	l	f	r	c	e	i	ø	j	w	b	h	r	e	r	m	l	l	r	x
h	e	d	l	w	s	x	b	u	h	e	p	o	y	t	æ	a	v	n	o	v	a	æ	z	e
e	o	l	å	a	f	x	a	a	n	x	e	ø	p	v	h	f	l	z	s	a	n	g	b	w
l	l	n	j	u	s	b	p	e	t	å	å	i	l	f	w	u	p	u	æ	c	e	e	o	k
t	e	s	a	c	k	o	o	b	y	t	o	r	c	l	h	d	v	g	n	s	ø	f	e	d

Find all Danish and English words in the puzzle.

Danish	English
svømmepøl *[c]*	swimming pool
fly *[n]*	airplane
næsehorn *[n]*	rhinoceros
pyjamas *[c]*	pyjamas
dug *[c]*	tablecloth
håndled *[n]*	wrist
stedmor *[c]*	stepmother
hund *[c]*	dog
bogreol *[c]*	bookcase
ugle *[c]*	owl

Puzzle #60

b	f	t	k	å	u	e	r	u	d	e	w	s	k	s	p	b	b	æ	y	l	e	æ	f	k
g	t	e	l	i	o	t	æ	n	k	d	w	x	r	g	l	m	b	p	z	w	t	j	n	h
k	e	s	e	e	h	c	k	a	g	a	i	r	p	o	r	t	o	g	a	m	v	i	u	h
d	i	e	m	e	f	t	r	f	v	i	ø	k	s	o	w	a	b	o	k	v	n	d	a	
n	v	a	h	t	f	u	l	x	x	i	j	a	m	k	k	d	å	e	c	e	r	ø	d	j
y	g	k	j	g	w	b	e	d	d	a	p	d	l	i	k	s	w	f	s	a	r	g	o	w
ø	w	h	h	m	u	c	w	s	å	s	k	å	l	t	l	h	e	i	r	g	y	s	t	e
j	æ	f	e	k	l	l	i	u	z	r	f	l	j	o	r	e	o	n	k	r	t	d	n	w
z	z	u	s	i	i	u	ø	x	ø	u	u	æ	j	i	v	t	r	k	æ	m	m	c	a	h
p	d	e	j	t	o	y	f	v	b	b	s	y	p	t	r	a	k	p	å	t	r	g	p	d
s	r	c	b	d	n	d	i	k	e	k	r	æ	c	o	b	t	m	f	y	v	p	m	k	y
o	n	f	f	b	c	w	x	e	x	j	e	e	t	i	e	t	p	u	g	n	r	å	i	v
x	l	f	n	b	v	å	k	t	z	b	l	f	y	t	l	c	r	ø	s	y	f	n	n	b
t	e	l	i	o	t	s	e	r	v	i	e	t	å	s	z	y	k	w	t	f	a	i	j	d
å	b	s	m	k	x	c	t	r	o	u	s	e	r	s	e	a	v	g	z	b	h	z	ø	l

Find all Danish and English words in the puzzle.

Danish	English
tyr *[c]*	bull
løve *[c]*	lion
bukser *[cp]*	trousers
ost *[c]*	cheese
dør *[c]*	door
lufthavn *[c]*	airport
skildpadde *[c]*	tortoise
serviet *[c]*	napkin
toilet *[n]*	toilet
kniv *[c]*	knife

Puzzle #61

d	h	t	m	f	p	s	k	p	æ	r	e	r	k	j	ø	s	u	z	w	b	i	f	i	x
e	r	g	w	t	z	o	d	m	k	å	c	æ	f	j	x	a	p	g	e	h	i	p	w	l
r	x	r	g	x	i	a	i	j	w	y	l	r	a	e	w	l	t	w	å	g	t	l	b	y
c	o	t	l	e	b	d	k	t	m	r	f	c	ø	k	o	a	r	o	s	g	o	æ	y	n
b	æ	m	w	d	a	m	l	b	å	m	m	æ	n	e	æ	t	p	p	d	k	l	u	å	å
u	b	o	m	f	x	ø	f	i	v	å	p	d	a	l	a	s	u	e	w	t	t	v	l	y
b	r	a	e	p	d	f	b	x	g	b	a	b	å	s	o	a	l	m	e	i	c	m	n	d
r	m	h	c	d	t	z	n	l	l	y	r	c	f	k	o	d	k	p	b	l	p	z	z	x
d	ø	j	d	n	a	h	y	a	z	k	a	b	å	å	e	n	i	e	n	r	r	w	v	h
s	n	h	k	d	æ	d	f	f	l	f	p	s	b	f	v	l	v	d	y	s	e	e	g	c
i	m	a	u	b	g	x	o	w	l	j	l	e	b	b	g	ø	g	m	o	h	d	l	t	v
s	x	u	h	n	x	m	y	i	b	d	y	s	c	z	u	r	u	ø	e	g	y	g	l	h
u	k	c	s	y	d	o	x	f	u	l	u	u	n	r	v	l	a	j	n	e	d	v	h	a
h	f	o	o	d	a	o	f	h	a	w	y	o	s	n	k	m	p	ø	p	s	t	o	c	ø
r	e	y	a	u	i	n	v	l	b	d	a	h	s	c	f	j	n	m	o	i	ø	ø	k	j

Find all Danish and English words in the puzzle.

Danish	**English**
nøgle *[c]*	key
pære *[c]*	pear
mad *[c]*	food
tidlig *[adj]*	early
hus *[n]*	house
hand *[c]*	hand
hund *[c]*	dog
salat *[c]*	salad
paraply *[n]*	umbrella
bælte *[n]*	belt

Puzzle #62

u	f	f	o	r	v	f	o	d	u	l	f	ø	h	p	d	h	s	ø	h	ø	k	w	w	l
k	ø	r	j	v	c	b	v	n	ø	y	w	ø	i	h	c	a	m	o	t	s	k	u	p	y
z	e	e	v	u	j	t	æ	p	p	e	t	æ	z	a	i	t	a	æ	n	m	å	z	z	c
z	x	g	h	o	t	f	o	p	g	æ	g	c	d	k	m	a	v	e	u	h	u	r	x	d
o	v	i	e	ø	e	æ	b	r	a	m	h	m	u	g	j	h	b	å	u	x	v	s	d	i
e	a	t	h	s	k	r	x	o	g	m	x	l	r	n	i	x	c	z	å	l	m	r	g	k
a	å	e	b	t	n	e	å	e	v	a	z	e	r	h	e	p	n	h	z	l	n	c	a	t
t	o	b	k	m	a	t	i	s	u	r	b	b	d	s	j	m	p	r	e	t	s	i	s	o
d	u	t	v	g	l	s	g	u	y	m	a	d	y	a	r	e	æ	f	j	n	o	z	a	m
g	r	i	s	b	b	ø	d	o	t	r	a	e	h	o	b	k	r	æ	d	m	r	s	u	k
c	e	x	o	p	c	s	m	m	v	y	o	e	m	d	l	æ	t	t	i	r	s	y	r	s
m	t	æ	w	a	s	y	e	t	f	l	ø	p	c	z	v	g	v	e	a	o	e	z	d
z	t	u	t	k	p	d	n	s	o	r	e	c	o	n	i	h	r	f	o	j	g	v	k	m
n	w	t	c	å	u	o	u	j	a	p	w	k	o	y	p	b	i	w	b	i	l	u	x	t
n	g	x	z	n	æ	s	e	h	o	r	n	h	o	o	v	r	u	x	t	p	æ	x	p	k

Find all Danish and English words in the puzzle.

Danish	**English**
tæppe *[n]*	blanket
næsehorn *[n]*	rhinoceros
søster *[c]*	sister
tiger *[c]*	tiger
menu *[c]*	menu
hjerte *[n]*	heart
mave *[c]*	stomach
arm *[c]*	arm
mus *[c]*	mouse
gris *[c]*	pig

Puzzle #63

u	d	m	z	m	t	å	m	j	h	g	m	d	n	u	m	s	y	l	k	o	g	t	u	i
p	d	å	l	ø	g	f	r	d	m	o	b	w	l	b	r	x	g	c	y	p	c	v	o	a
s	e	l	k	c	e	r	f	æ	h	r	m	t	r	e	b	m	u	c	u	c	a	ø	g	o
c	d	g	g	e	g	m	r	n	y	i	r	r	l	ø	v	w	j	c	i	t	v	u	t	g
a	å	y	o	s	j	i	o	z	m	l	x	e	h	j	x	s	e	y	e	w	r	c	e	s
w	h	p	r	a	l	h	æ	t	p	l	d	d	f	m	z	x	x	v	m	k	h	h	å	b
v	a	j	i	v	c	f	v	r	h	a	h	o	g	u	g	m	c	j	y	t	t	v	u	r
i	a	k	l	h	c	s	a	o	j	e	h	m	e	i	w	a	r	k	n	u	z	m	r	a
z	ø	k	l	d	j	a	ø	m	y	l	r	r	y	z	z	n	p	a	o	v	l	l	l	y
f	m	e	a	y	o	x	å	l	f	r	e	g	n	e	r	m	a	m	å	f	z	v	j	a
v	b	f	j	p	t	b	å	o	h	o	y	v	p	h	ø	c	t	i	n	h	l	s	v	f
a	p	d	w	ø	o	a	n	o	i	n	o	j	z	k	x	f	a	s	u	d	r	h	o	f
s	r	s	w	t	k	z	h	g	c	s	v	e	z	å	h	a	y	o	m	c	m	u	i	k
e	s	x	a	x	p	ø	m	v	s	x	w	z	n	p	å	e	a	å	f	u	i	y	v	l
b	d	h	f	r	m	b	w	o	w	l	ø	z	m	o	b	i	f	k	n	z	v	w	m	v

Find all Danish and English words in the puzzle.

Danish	**English**
arm *[c]*	arm
mund *[c]*	mouth
øje *[n]*	eye
fregner *[cp]*	freckles
moder *[c]*	mother
vase *[c]*	vase
agurk *[c]*	cucumber
løg *[n]*	onion
hat *[c]*	hat
gorilla *[c]*	gorilla

Puzzle #64

æ	x	z	a	l	b	u	e	f	æ	f	z	x	æ	z	y	o	x	t	c	i	n	g	u	f
o	b	r	j	x	l	s	n	v	t	ø	m	æ	å	x	k	z	b	w	ø	d	u	w	h	w
y	s	b	s	a	m	a	j	y	p	c	p	b	å	v	t	u	t	f	å	r	g	r	h	h
d	r	h	n	g	g	n	x	m	d	m	y	y	h	x	o	y	l	s	p	e	s	h	i	d
h	b	v	e	w	k	w	x	ø	r	t	j	h	r	m	w	f	w	s	o	n	i	t	n	d
e	b	h	l	e	n	z	b	d	e	d	a	p	æ	a	z	o	b	h	s	å	l	j	i	x
f	g	o	y	a	p	u	m	p	g	ø	m	i	o	z	b	ø	u	g	x	w	a	j	j	g
f	f	v	å	t	v	o	v	x	i	p	a	å	h	l	y	y	a	u	k	d	n	u	m	o
a	o	o	ø	m	u	g	j	p	t	m	s	p	e	c	g	f	t	k	j	u	d	r	æ	v
m	e	e	r	t	r	j	d	d	b	n	f	z	æ	t	f	x	h	s	c	t	æ	g	d	b
i	l	å	h	k	s	ø	d	j	i	ø	r	ø	l	e	å	v	ø	t	r	o	i	i	d	u
l	g	c	o	å	j	w	k	r	j	u	t	ø	l	a	o	j	a	v	t	i	d	g	w	æ
y	ø	u	a	w	l	m	m	å	m	j	d	t	v	ø	n	ø	s	e	s	p	h	w	e	y
g	n	b	ø	y	b	f	n	d	l	l	a	e	ø	k	x	å	f	p	h	g	c	t	å	r
j	d	k	r	å	a	j	å	c	v	p	f	k	v	e	i	l	i	m	a	f	c	a	n	a

Find all Danish and English words in the puzzle.

Danish	English
gaffel *[c]*	fork
pyjamas *[c]*	pyjamas
tørstig *[adj]*	thirsty
får *[n]*	sheep
søn *[c]*	son
nøgle *[c]*	key
familie *[c]*	family
albue *[c]*	elbow
mund *[c]*	mouth
tiger *[c]*	tiger

Puzzle #65

a	n	b	r	w	n	s	i	a	r	u	z	m	y	p	m	t	o	p	g	r	y	d	e	u
g	o	o	s	e	ø	f	n	i	å	å	i	r	s	m	å	p	g	c	s	y	p	w	e	m
s	o	x	a	u	b	i	t	f	ø	v	s	å	æ	e	v	e	j	w	y	s	l	f	m	u
c	k	m	z	k	g	w	y	s	j	n	æ	w	s	m	e	n	k	j	z	a	t	c	d	ø
æ	u	x	m	h	t	b	x	ø	a	y	c	u	p	a	v	g	c	n	m	n	d	r	g	a
s	v	u	u	u	n	l	g	z	e	l	o	h	w	l	v	e	u	b	k	f	s	b	r	t
å	r	v	y	u	n	i	c	o	m	m	t	j	å	y	u	p	b	u	r	a	o	t	i	c
s	a	l	t	b	b	m	p	a	ø	v	r	m	p	o	i	u	h	å	w	b	m	v	a	t
v	m	t	b	b	ø	v	e	æ	s	f	h	j	c	c	x	n	h	r	å	l	s	æ	h	d
u	z	k	f	t	o	r	f	j	w	f	k	e	l	n	h	g	n	æ	u	v	l	å	i	f
r	j	k	x	o	c	f	g	a	u	r	i	æ	h	a	n	d	c	o	b	æ	a	v	g	p
y	p	m	n	e	l	x	l	d	p	l	t	f	d	f	w	u	v	y	h	x	n	h	h	m
y	u	e	c	w	ø	l	x	j	i	i	p	l	å	a	d	w	h	l	n	r	a	i	c	z
m	f	i	x	u	e	f	g	n	c	i	t	s	z	y	b	ø	f	u	z	n	i	w	l	h
r	r	m	h	t	ø	v	g	b	s	r	i	v	s	w	g	w	e	æ	d	w	y	o	æ	r

Find all Danish and English words in the puzzle.

Danish	**English**
lam *[n]*	lamb
hår *[n]*	hair
gås *[c]*	goose
pengepung *[c]*	wallet
gryde *[c]*	pot
is *[c]*	ice-cream
salt *[n]*	salt
mus *[c]*	mouse
loft *[n]*	ceiling
hand *[c]*	hand

g	u	f	d	j	f	a	k	c	s	n	t	h	w	l	u	z	w	t	d	c	s	v	a	a
j	v	u	p	g	p	v	y	y	j	p	a	f	p	x	e	t	w	d	t	n	ø	b	ø	r
å	t	u	d	b	i	l	l	e	d	o	h	e	æ	v	m	z	m	å	z	s	r	f	æ	o
v	g	j	l	v	æ	j	f	e	m	k	g	i	u	k	p	m	c	s	m	r	ø	f	å	x
o	x	y	f	i	p	f	u	k	k	l	m	m	å	g	j	o	ø	y	l	ø	m	s	z	y
y	k	i	g	u	u	x	ø	u	n	t	m	w	s	v	u	t	f	l	b	r	s	s	h	t
j	s	p	h	k	e	f	x	y	e	r	u	t	c	i	p	h	m	v	l	e	k	n	o	å
c	t	m	s	æ	ø	l	r	v	m	b	u	t	t	e	r	e	d	h	v	m	x	v	f	t
z	k	p	j	p	w	d	c	o	r	o	å	v	g	g	g	r	v	j	c	e	w	b	m	h
m	l	a	m	å	p	b	o	n	g	l	d	j	w	l	a	m	b	r	p	l	c	x	g	e
d	i	z	l	a	e	f	t	m	u	a	f	e	å	z	g	ø	n	a	h	n	e	å	y	f
j	g	o	o	s	e	n	a	h	æ	v	a	d	r	l	g	l	d	h	g	h	l	t	ø	v
r	l	ø	w	n	a	v	h	m	m	z	p	z	i	a	r	e	h	t	a	f	p	e	t	s
t	d	r	a	i	g	j	l	e	æ	p	k	h	w	z	æ	s	d	i	p	a	s	å	g	e
j	d	f	j	o	t	s	l	j	t	r	e	w	a	r	d	s	s	t	e	d	f	a	r	g

Find all Danish and English words in the puzzle.

Danish	English
gås *[c]*	goose
hat *[c]*	hat
moder *[c]*	mother
smør *[n]*	butter
skuffe *[c]*	drawer
onkel *[c]*	uncle
frø *[c]*	frog
lam *[n]*	lamb
billed *[n]*	picture
stedfar *[c]*	stepfather

Puzzle #67

n	h	a	i	h	x	c	f	r	x	o	u	m	ø	p	å	j	w	d	h	x	z	v	c	p
i	x	u	æ	k	a	d	ø	g	v	j	u	p	r	i	l	æ	j	v	e	m	v	r	i	j
z	m	a	m	u	p	h	r	g	p	b	b	a	s	n	c	u	e	e	b	l	b	m	i	d
å	p	e	s	å	x	ø	v	y	æ	d	g	c	e	v	r	m	c	p	t	b	o	r	y	g
l	n	ø	g	l	e	s	h	c	o	u	h	n	æ	a	k	i	h	a	f	w	r	æ	o	æ
j	o	h	m	m	r	f	l	n	o	j	n	l	b	c	x	æ	b	t	o	o	g	n	å	r
t	y	o	ø	r	n	d	z	c	g	e	c	e	e	v	z	å	n	m	l	n	o	i	c	m
n	a	n	r	i	d	p	æ	o	å	i	n	p	l	h	x	ø	o	p	i	u	h	s	j	x
a	k	p	s	k	r	e	t	s	a	o	t	s	c	m	m	o	v	l	j	i	g	i	k	r
f	j	o	w	e	h	p	e	n	e	k	w	u	o	x	r	ø	i	e	w	s	d	a	n	v
w	r	m	r	å	t	ø	æ	h	v	x	s	k	b	b	e	e	r	l	n	ø	å	r	w	u
t	e	l	r	z	o	s	å	l	n	g	z	e	å	c	c	x	o	x	n	b	f	a	k	h
i	ø	æ	y	m	j	v	æ	h	e	e	e	y	ø	ø	z	e	d	d	æ	g	i	y	g	f
o	c	r	e	t	s	a	o	t	n	l	æ	m	z	å	k	o	s	t	b	u	k	s	t	z
b	l	å	j	r	e	h	t	o	r	b	v	z	d	p	o	x	l	f	r	a	x	ø	ø	m

Find all Danish and English words in the puzzle.

Danish	English
loft *[n]*	ceiling
is *[c]*	ice
rosin *[c]*	raisin
ben *[n]*	leg
kost *[c]*	broom
bror *[c]*	brother
nevø *[c]*	nephew
toaster *[c]*	toaster
nøgle *[c]*	key
puma *[c]*	cougar

Puzzle #68

i	i	p	o	å	c	h	i	n	å	r	ø	ø	k	f	æ	z	n	ø	g	l	e	k	a	f
x	h	e	k	t	y	w	n	z	p	w	z	w	l	p	v	å	z	p	p	p	b	t	u	e
s	b	e	æ	p	n	o	e	g	a	h	f	i	f	h	w	e	v	u	y	m	ø	h	a	f
p	ø	h	a	n	l	o	o	s	n	l	æ	n	b	z	u	c	f	w	a	o	f	ø	x	æ
y	z	s	a	e	å	r	p	u	w	o	m	s	o	n	g	s	r	l	p	ø	a	v	l	h
m	o	d	m	o	m	b	å	p	x	t	w	o	m	l	s	l	y	z	y	s	r	l	l	k
m	b	æ	p	z	w	f	c	p	u	e	w	r	h	f	e	z	t	f	c	e	u	b	i	z
z	k	a	t	m	v	f	g	e	n	u	ø	e	z	d	p	m	o	y	a	b	k	j	k	å
p	s	s	h	v	s	f	f	s	c	u	g	c	w	a	w	x	m	w	p	l	d	k	m	h
æ	h	d	t	o	f	n	d	k	r	l	j	o	g	w	e	æ	w	e	w	b	y	a	b	h
m	y	å	ø	i	b	r	x	å	j	u	a	n	l	e	e	f	ø	h	j	d	g	w	d	o
k	j	x	l	k	l	å	s	l	i	å	f	i	n	r	o	h	e	s	æ	n	å	æ	j	i
m	e	k	i	r	h	f	c	ø	å	z	g	h	r	h	c	u	o	c	p	o	i	u	e	f
n	a	h	ø	s	l	e	f	m	ø	l	e	r	k	w	x	i	v	j	l	r	k	a	v	t
n	z	l	m	v	l	w	o	b	p	u	o	s	o	f	a	f	d	n	j	g	a	b	å	ø

Find all Danish and English words in the puzzle.

Danish	English
tyr *[c]*	bull
sofa *[c]*	couch
melon *[c]*	melon
hage *[c]*	chin
nøgle *[c]*	key
næsehorn *[n]*	rhinoceros
far *[c]*	dad
får *[n]*	sheep
suppeskål *[c]*	soup bowl
lam *[n]*	lamb

Puzzle #69

v	s	l	m	r	w	a	å	k	e	n	æ	t	a	l	a	s	t	t	j	c	v	r	d	i
p	v	g	g	r	b	t	i	c	k	e	t	æ	c	d	æ	k	g	l	f	d	f	u	v	æ
k	l	k	z	e	h	y	r	e	o	å	m	o	o	r	g	n	i	n	i	d	ø	c	v	o
ø	w	v	o	m	u	b	y	s	x	v	m	e	w	w	w	k	k	s	o	i	c	k	å	o
l	r	i	l	ø	i	t	k	x	s	p	c	u	o	y	t	a	w	n	g	v	e	l	k	u
k	s	å	i	l	c	j	s	d	y	u	h	s	n	y	e	n	æ	v	i	k	p	x	w	x
h	ø	f	l	d	s	u	t	e	t	f	j	ø	i	e	k	i	b	f	w	m	s	d	å	c
s	æ	e	m	u	a	æ	p	t	s	l	j	h	e	w	o	n	c	u	v	d	e	k	t	x
a	t	z	v	i	s	l	e	t	p	i	f	b	j	å	p	j	x	t	s	i	r	w	a	j
k	e	g	a	t	e	l	a	x	i	l	p	i	s	e	l	n	m	o	g	h	s	l	l	a
c	a	g	w	o	h	a	n	s	d	b	y	s	h	e	r	g	ø	s	j	e	e	z	a	n
e	æ	w	g	d	e	l	d	n	å	h	b	s	e	c	l	t	r	æ	l	å	h	a	s	s
r	s	æ	f	e	k	c	r	o	o	l	f	a	j	n	s	y	e	o	h	c	v	r	r	s
y	æ	h	d	r	u	r	a	j	r	r	v	t	r	r	e	z	d	n	g	u	k	æ	h	t
t	z	g	g	p	ø	k	r	r	e	a	x	n	v	m	f	a	y	h	z	i	w	o	ø	u

Find all Danish and English words in the puzzle.

Danish	English
hjerte *[n]*	heart
håndled *[n]*	wrist
kop *[c]*	cup
salat *[c]*	salad
spisestue *[c]*	dining room
billet *[c]*	ticket
etage *[c]*	floor
salat *[c]*	lettuce
kanin *[c]*	rabbit
æg *[n]*	egg

69

Puzzle #70

d	c	f	o	c	å	m	p	p	f	æ	w	o	v	l	g	j	c	v	z	j	x	u	i	m
e	p	l	å	j	r	a	d	i	o	ø	æ	k	c	o	a	d	s	h	b	s	r	j	h
l	æ	n	o	l	e	m	e	ø	m	x	j	g	b	p	o	f	g	p	f	d	p	n	v	w
d	i	g	s	t	o	g	x	t	x	p	ø	u	å	g	s	h	s	i	y	n	i	i	u	o
n	h	v	ø	k	e	c	æ	s	e	s	t	b	æ	s	e	b	a	n	a	n	n	k	x	t
å	b	s	i	w	ø	r	x	g	g	i	e	c	h	b	x	g	r	a	v	t	a	p	f	f
h	y	v	r	ø	a	ø	u	æ	d	æ	v	g	a	å	v	h	k	t	v	r	c	a	y	k
ø	z	i	p	y	j	v	g	t	g	c	t	r	ø	n	f	p	l	i	å	v	h	n	k	k
ø	s	m	g	e	v	u	s	ø	c	x	s	r	e	t	a	u	u	n	å	c	c	o	d	y
t	å	e	h	å	c	s	r	o	r	i	l	c	k	s	å	n	r	r	o	p	a	b	u	c
f	s	e	h	t	o	l	c	y	å	i	p	t	w	i	ø	a	a	e	b	l	i	t	c	ø
k	b	e	w	i	w	æ	m	j	h	ø	s	f	b	c	d	e	m	b	r	l	e	e	g	k
u	f	b	w	l	c	u	b	u	d	i	g	å	p	i	l	x	g	z	l	j	a	m	ø	e
e	s	å	n	ø	a	å	l	z	z	k	æ	o	s	b	m	i	e	i	o	p	x	x	a
m	s	y	m	e	l	p	p	a	e	o	æ	g	r	å	v	o	d	p	m	c	y	ø	c	d

Find all Danish and English words in the puzzle.

Danish	**English**
radio *[c]*	radio
tøj *[cp]*	clothes
melon *[c]*	melon
gås *[c]*	goose
håndled *[n]*	wrist
banan *[c]*	banana
billed *[n]*	picture
serviet *[c]*	napkin
æble *[n]*	apple
spinat *[c]*	spinach

Puzzle #71

a	g	b	p	ø	k	m	m	b	n	ø	h	j	b	i	v	e	b	x	y	l	z	e	y	e
a	f	x	p	t	l	x	j	p	h	u	i	w	g	o	s	v	a	n	g	f	j	å	d	l
t	r	n	b	v	a	p	m	ø	d	e	p	e	a	f	z	p	z	å	h	ø	n	e	e	c
z	i	m	l	y	p	y	x	p	y	i	d	h	r	b	f	u	p	y	v	l	o	n	s	n
a	a	x	g	c	y	s	h	e	j	u	v	m	t	u	r	a	d	d	r	j	n	u	e	å
a	h	m	c	t	w	m	i	x	c	p	i	d	l	t	a	å	k	s	x	e	w	a	e	v
w	c	b	j	b	i	ø	u	o	æ	k	f	a	b	t	z	m	s	t	h	h	o	a	h	i
a	e	l	j	æ	b	r	f	h	s	o	å	c	æ	e	d	f	r	c	a	g	m	s	c	u
w	x	c	p	h	l	æ	h	j	r	m	c	e	r	r	n	z	k	x	e	e	j	ø	t	l
s	i	b	b	k	w	å	l	b	g	æ	b	v	x	i	m	g	g	g	w	o	æ	c	w	f
x	x	i	x	n	æ	s	k	t	t	x	y	a	k	å	a	r	h	l	u	e	j	o	h	j
s	g	l	i	k	h	æ	x	s	e	v	t	s	i	r	a	s	o	a	p	f	b	æ	z	y
ø	ø	m	t	b	d	n	i	a	t	r	u	c	d	k	i	y	s	g	ø	e	b	g	b	b
d	t	e	s	å	l	o	t	s	o	s	t	i	æ	t	p	e	b	æ	s	t	t	c	h	i
n	h	c	m	x	m	b	e	l	t	n	n	b	y	k	w	i	s	n	o	d	p	b	e	e

Find all Danish and English words in the puzzle.

Danish	English
smør *[n]*	butter
sæbe *[c]*	soap
skål *[c]*	bowl
ost *[c]*	cheese
bælte *[n]*	belt
stol *[c]*	chair
hud *[c]*	skin
høne *[c]*	hen
gardin *[n]*	curtain
øje *[n]*	eye

71

Puzzle #72

d	å	j	t	o	f	m	æ	w	e	v	g	p	e	e	h	g	c	d	m	g	h	æ	p	z
b	g	b	e	s	o	o	i	v	w	o	n	m	s	l	å	k	f	s	ø	æ	c	n	i	å
r	x	c	k	t	x	e	æ	k	x	c	c	d	u	p	w	o	d	n	i	w	n	n	n	n
m	l	n	n	o	x	z	z	a	z	y	g	g	m	a	i	h	y	p	i	n	v	p	w	w
t	å	p	a	m	e	ø	e	f	v	n	i	c	m	r	u	f	g	g	i	å	o	å	a	w
c	e	l	l	a	s	n	s	l	æ	m	u	å	o	e	k	e	f	v	v	o	j	f	h	å
j	r	h	b	c	s	z	r	h	r	n	æ	n	n	b	g	b	ø	s	a	w	w	p	x	
y	d	u	v	h	z	x	c	e	d	æ	å	v	k	t	p	k	a	p	l	e	l	a	d	y
s	l	b	i	c	d	ø	y	z	j	h	k	a	e	s	ø	æ	o	x	æ	x	k	å	t	w
s	æ	c	n	t	m	å	æ	w	y	h	x	m	y	å	p	k	b	r	a	i	n	t	o	b
x	r	z	d	i	n	h	b	t	æ	a	c	h	u	n	j	d	å	l	d	æ	l	t	e	u
b	o	w	u	l	a	h	ø	x	b	g	a	u	j	j	m	x	å	d	f	z	r	æ	v	o
a	f	o	e	t	e	r	k	e	d	t	g	r	p	z	i	r	v	d	æ	i	f	p	o	c
k	w	t	n	c	p	b	i	s	t	p	o	h	e	k	k	å	v	v	k	t	j	p	l	æ
b	e	ø	v	ø	p	b	t	p	e	m	x	ø	m	e	k	s	d	n	a	h	n	e	g	g

Find all Danish and English words in the puzzle.

Danish	English
abe *[c]*	monkey
tæppe *[n]*	blanket
ræv *[c]*	fox
hat *[c]*	hat
kop *[c]*	cup
vindue *[n]*	window
forældre *[cp]*	parents
handske *[c]*	glove
hjerne *[c]*	brain
mave *[c]*	stomach

Puzzle #73

d	h	r	h	r	å	f	ø	t	e	k	n	a	l	b	y	t	u	e	g	n	e	s	v	å
t	f	e	i	s	x	b	i	l	l	e	t	e	l	k	m	v	n	a	å	d	e	e	z	j
u	æ	t	s	o	k	k	l	x	l	g	o	t	k	g	e	t	k	r	r	h	k	p	n	x
z	m	p	j	t	b	f	d	w	w	r	c	e	a	k	s	s	h	e	e	p	x	n	n	k
h	m	b	p	j	t	x	ø	r	å	h	e	s	b	o	a	e	ø	w	d	i	k	n	e	e
g	c	y	r	e	d	x	t	v	s	o	ø	t	i	e	c	r	w	v	l	a	r	z	p	r
y	t	d	w	e	n	u	t	i	c	k	e	t	s	g	a	r	f	w	b	b	f	o	a	j
s	u	k	u	i	l	h	i	d	e	g	f	u	m	a	c	r	r	ø	o	h	j	w	r	m
l	a	b	e	z	w	l	v	b	a	j	r	t	t	l	o	v	m	r	t	d	h	o	a	a
m	v	æ	r	e	m	æ	a	s	l	y	m	e	r	ø	d	t	e	c	e	p	w	w	p	s
l	æ	d	o	o	æ	b	c	m	a	y	o	ø	x	s	z	t	k	b	æ	c	c	l	l	i
o	m	f	g	æ	o	v	z	n	i	b	h	d	æ	m	s	c	k	w	å	d	c	k	y	m
i	o	u	e	æ	v	m	t	g	m	c	k	c	v	a	æ	n	p	h	b	v	x	d	x	f
m	æ	k	l	m	n	e	k	o	c	e	t	j	o	l	æ	u	p	å	p	ø	k	v	k	h
k	p	g	b	å	l	u	u	r	m	a	p	t	k	x	w	z	a	p	æ	c	h	å	w	ø

Find all Danish and English words in the puzzle.

Danish	English
toaster *[c]*	toaster
får *[n]*	sheep
seng *[c]*	bed
øre *[n]*	ear
paraply *[n]*	umbrella
kost *[c]*	broom
tæppe *[n]*	blanket
frakke *[c]*	coat
billet *[c]*	ticket
knæ *[n]*	knee

Puzzle #74

a	z	f	f	æ	l	å	y	t	s	r	i	h	t	y	z	t	n	s	w	b	o	a	v	m
v	a	h	æ	n	b	m	ø	w	p	å	j	e	ø	ø	y	å	i	g	k	u	l	i	æ	m
å	p	æ	s	u	r	t	s	u	h	d	c	r	d	e	e	n	k	l	e	k	a	c	o	h
j	i	x	y	k	f	å	æ	e	y	z	v	n	h	u	b	x	u	x	c	l	n	x	v	u
d	l	v	s	c	h	n	c	å	w	n	i	l	y	b	p	r	e	h	t	a	f	g	a	n
i	l	ø	e	e	k	å	a	m	l	w	v	u	e	f	å	r	r	g	g	z	k	y	j	g
t	o	d	z	f	o	p	t	u	e	o	o	u	n	p	p	r	p	a	o	a	m	æ	m	r
r	w	k	b	z	i	w	x	p	j	w	t	w	a	å	z	l	a	k	g	t	z	p	d	y
a	h	n	l	k	d	w	h	f	w	b	d	n	e	t	l	u	s	e	ø	d	z	p	e	e
c	l	u	z	f	a	r	i	g	u	t	t	å	l	o	f	x	f	r	i	h	s	m	l	a
l	c	t	ø	r	e	ø	t	w	a	r	v	u	t	s	o	f	s	m	x	n	y	ø	m	a
l	i	ø	v	d	a	l	o	t	g	d	å	i	i	p	a	t	w	t	m	a	m	æ	m	t
e	p	o	a	v	o	u	æ	d	a	x	i	s	p	r	i	z	n	m	l	t	m	e	n	n
k	å	f	f	h	n	y	s	n	r	e	j	f	i	g	f	y	t	k	w	m	l	v	æ	e
u	u	g	j	s	i	å	ø	l	y	m	e	g	x	t	e	l	e	v	i	s	i	o	n	n

Find all Danish and English words in the puzzle.

Danish	**English**
tørstig *[adj]*	thirsty
fader *[c]*	father
knæ *[n]*	knee
hyæne *[c]*	hyena
kage *[c]*	cake
fjernsyn *[n]*	television
hustru *[c]*	wife
giraf *[c]*	giraffe
sulten *[adj]*	hungry
pude *[c]*	pillow

Puzzle #75

b	t	b	t	z	l	f	r	y	i	n	g	p	a	n	h	o	j	u	r	j	f	o	æ	m
d	b	m	l	h	j	x	x	w	b	p	ø	z	å	c	b	i	n	a	p	ø	a	l	c	j
a	i	e	e	b	v	g	v	z	c	v	a	n	d	c	r	t	d	c	d	m	i	a	æ	m
e	p	k	d	g	æ	o	b	d	y	ø	i	g	s	m	å	i	c	y	h	r	g	d	u	w
n	a	h	r	m	y	j	n	h	d	x	t	d	k	h	s	p	t	r	z	g	u	r	g	a
a	n	f	e	ø	f	y	m	z	b	w	f	i	c	h	z	a	r	c	g	ø	d	e	s	e
l	d	o	d	b	f	w	r	n	j	u	p	g	o	n	b	g	d	e	e	y	a	t	h	æ
p	e	z	e	e	y	s	h	o	r	y	f	i	s	l	r	a	d	i	s	e	p	a	o	o
r	g	b	n	l	d	s	u	n	o	v	u	a	e	z	r	p	x	j	ø	l	r	w	w	j
i	i	u	t	k	f	æ	i	e	i	m	y	c	b	p	k	x	h	v	f	e	e	j	b	s
a	b	r	c	u	g	t	u	r	x	l	l	å	l	h	d	ø	x	s	k	g	u	s	i	k
a	h	r	æ	a	u	p	å	i	f	o	g	s	y	u	t	e	n	k	s	r	u	s	a	e
n	i	å	j	r	w	s	c	f	t	e	e	s	a	v	u	t	o	y	m	p	j	ø	t	v
t	g	n	e	j	r	l	h	h	o	h	v	j	o	o	s	s	x	a	e	b	j	t	b	v
k	æ	å	d	v	æ	r	e	l	s	e	u	k	s	k	i	r	t	i	æ	o	u	v	e	n

Find all Danish and English words in the puzzle.

Danish	English
møbel *[n]*	furniture
vand *[n]*	water
dug *[c]*	tablecloth
radise *[c]*	radish
nederdel *[c]*	skirt
værelse *[n]*	room
fly *[n]*	airplane
pande *[c]*	frying pan
vase *[c]*	vase
sokker *[cp]*	socks

Puzzle #76

o	w	o	e	m	r	o	l	e	o	b	m	v	w	å	u	x	n	å	u	c	d	å	ø	æ
x	æ	i	h	z	ø	e	o	j	z	f	v	u	v	i	v	ø	r	e	m	b	b	u	l	x
w	b	g	n	b	h	t	n	y	x	d	j	c	l	s	d	å	a	e	g	w	o	c	ø	g
æ	e	i	f	t	å	d	i	n	a	u	e	w	t	e	g	u	b	k	r	i	a	h	z	v
u	c	t	j	y	r	a	ø	m	i	r	m	h	m	t	w	r	e	a	k	z	k	m	y	l
d	i	s	j	d	m	j	s	f	o	d	j	w	v	æ	o	t	n	c	w	å	ø	y	ø	n
å	r	r	x	z	e	n	d	t	n	j	b	t	g	v	æ	ø	r	l	g	å	å	w	n	w
n	p	ø	æ	g	e	j	g	s	s	d	r	e	t	t	æ	f	a	f	m	r	a	p	a	l
t	d	t	h	t	u	n	i	d	o	y	p	b	g	s	n	c	b	d	ø	s	m	c	p	m
g	æ	ø	f	l	e	f	x	g	r	c	f	o	r	e	h	e	a	d	m	r	h	w	a	å
a	k	a	n	k	k	e	r	r	w	v	e	c	o	u	s	i	n	h	t	f	f	y	n	å
m	u	l	d	y	r	ø	c	t	h	i	r	s	t	y	u	a	z	v	a	f	k	e	d	h
å	u	d	i	u	g	z	v	b	m	m	t	m	r	r	z	f	r	l	g	a	n	n	e	i
a	w	j	p	t	k	c	d	l	i	h	c	d	n	a	r	g	w	a	g	n	z	ø	u	j
h	e	n	d	o	k	i	d	p	r	i	s	å	p	p	c	i	t	e	g	l	ø	h	x	z

Find all Danish and English words in the puzzle.

Danish	**English**
kage *[c]*	cake
muldyr *[n]*	mule
pande *[c]*	forehead
tørstig *[adj]*	thirsty
pris *[c]*	price
aftensmad *[c]*	dinner
barnebarn *[n]*	grandchild
hår *[n]*	hair
høne *[c]*	hen
fætter *[c]*	cousin

Puzzle #77

x	t	å	g	w	g	r	e	m	i	t	r	f	g	ø	r	l	e	l	x	u	p	n	v	l
p	h	b	f	a	m	i	l	i	e	r	k	s	u	w	v	m	ø	h	a	l	s	w	g	k
w	r	j	i	z	b	w	e	s	z	i	t	h	b	m	t	n	d	g	å	f	e	e	y	p
c	o	s	æ	o	r	r	æ	ø	å	k	g	f	d	r	r	m	f	o	h	f	n	c	h	z
c	a	j	z	w	d	n	v	æ	i	s	v	d	g	w	z	i	d	n	r	f	å	j	o	a
n	t	d	h	l	n	f	w	g	r	b	h	a	a	f	n	n	s	s	t	m	d	h	a	v
n	m	c	æ	n	æ	r	ø	y	a	ø	f	k	s	g	c	h	d	n	t	p	y	s	z	a
z	v	r	k	i	d	e	m	n	j	t	o	r	e	e	t	i	e	d	b	w	s	e	s	s
n	o	e	n	j	s	e	e	n	æ	v	o	r	æ	y	æ	r	i	v	k	å	v	l	f	e
f	z	v	c	c	a	k	a	t	t	y	n	b	l	s	a	t	r	æ	m	t	c	k	ø	u
d	n	å	z	l	o	v	c	j	h	a	n	i	p	p	l	d	w	e	r	c	y	c	l	s
t	b	v	æ	g	t	p	y	j	i	g	m	t	d	å	n	o	s	e	d	m	b	e	c	m
i	x	r	h	z	s	m	y	l	u	a	i	å	m	i	u	x	n	ø	d	w	u	r	u	e
y	s	s	l	v	t	w	c	c	f	d	g	e	ø	j	r	z	a	å	o	r	j	f	x	j
x	l	e	d	r	e	d	e	n	d	h	n	f	w	c	æ	f	r	e	g	n	e	r	i	p

Find all Danish and English words in the puzzle.

Danish	English
negl *[c]*	fingernail
forældre *[c]*	parent
familie *[c]*	family
hals *[c]*	throat
vase *[c]*	vase
nederdel *[c]*	skirt
måltid *[n]*	meal
fregner *[cp]*	freckles
næse *[c]*	nose
vægt *[c]*	weight

Puzzle #78

a	k	c	c	o	u	s	i	n	h	m	a	c	d	o	o	r	v	v	t	f	l	m	n	å
f	f	y	e	b	å	c	s	y	r	i	a	h	c	h	z	b	d	k	b	m	n	e	b	k
å	d	p	d	t	o	o	t	h	p	æ	l	j	s	v	w	b	a	h	a	u	v	l	å	n
t	t	o	a	y	g	y	l	i	c	t	j	l	r	k	j	n	w	a	p	b	t	o	k	r
s	z	f	l	l	r	m	u	y	h	t	r	j	o	r	d	n	ø	d	l	æ	c	n	u	e
o	y	u	a	s	ø	j	t	z	j	u	g	r	g	a	u	b	j	d	r	h	l	o	t	s
j	s	r	s	k	f	l	r	f	c	æ	ø	e	e	t	a	b	b	u	e	x	g	t	o	u
r	h	n	z	o	æ	u	h	g	o	d	s	a	l	a	t	d	y	e	t	j	y	b	o	k
d	j	i	d	v	i	z	p	e	a	n	u	t	a	h	d	f	s	o	t	m	t	g	a	i
z	t	t	v	b	x	m	å	y	t	c	x	t	f	n	b	e	k	æ	æ	s	e	æ	r	u
u	j	u	ø	s	m	ø	b	e	l	n	å	p	f	d	x	u	d	z	f	t	å	l	w	k
h	n	r	z	i	å	z	g	y	æ	s	a	j	p	p	x	n	y	a	w	b	z	s	o	ø
d	b	e	j	y	æ	y	n	b	r	a	i	e	u	ø	a	w	y	w	s	i	f	æ	j	n
w	z	r	p	v	y	æ	m	i	v	u	ø	ø	b	t	u	h	v	b	f	o	o	t	u	s
å	x	p	o	d	y	b	x	æ	c	b	m	t	t	v	a	j	w	j	m	c	æ	e	ø	n

Find all Danish and English words in the puzzle.

Danish	English
salat *[c]*	salad
dør *[c]*	door
jordnød *[c]*	peanut
fætter *[c]*	cousin
tand *[c]*	tooth
ost *[c]*	cheese
stol *[c]*	chair
fod *[c]*	foot
melon *[c]*	melon
møbel *[n]*	furniture

Puzzle #79

p	z	i	m	g	c	s	f	s	æ	b	c	j	d	o	å	f	æ	c	s	u	å	l	u	a
l	x	u	r	f	e	z	s	t	o	c	k	i	n	g	s	d	w	i	d	t	g	m	z	l
x	u	u	s	m	i	p	n	å	y	n	y	r	e	l	b	æ	x	z	r	s	g	j	b	i
å	o	n	i	p	a	k	s	a	m	a	j	y	p	f	ø	n	n	s	t	j	i	a		
b	x	m	ø	d	f	g	m	r	k	r	y	y	g	u	i	j	a	r	p	p	p	y	ø	p
y	å	t	s	w	o	a	e	b	d	m	t	a	d	n	e	u	k	a	m	e	b	c	t	d
v	p	r	l	n	z	t	c	å	u	p	n	h	g	n	v	s	n	g	s	l	r	f	x	h
c	l	t	i	s	z	s	j	v	p	b	y	e	b	a	a	d	v	m	u	e	s	æ	r	h
l	f	l	i	r	å	a	w	r	l	g	r	r	n	m	b	r	x	s	p	å	d	b	æ	a
g	m	i	z	k	g	j	c	o	t	h	y	d	a	l	t	æ	e	m	k	y	e	æ	k	t
p	å	e	n	i	d	g	u	f	l	n	u	j	j	g	c	v	ø	u	j	l	p	t	g	e
u	d	å	l	g	i	s	d	z	w	u	y	v	x	n	z	r	d	k	p	r	z	z	w	e
k	u	d	z	z	e	b	å	w	t	p	i	r	y	a	t	k	d	p	e	a	g	b	k	h
k	i	z	h	j	m	r	a	z	e	h	y	n	f	s	m	y	a	p	l	e	z	g	v	c
t	f	t	r	e	t	a	w	r	v	n	d	å	æ	w	o	r	b	e	y	e	m	u	å	w

Find all Danish and English words in the puzzle.

Danish	English
pyjamas *[c]*	pyjamas
gepard *[c]*	cheetah
øjenbryn *[n]*	eyebrow
tidlig *[adj]*	early
bluse *[c]*	blouse
strømper *[cp]*	stockings
vand *[n]*	water
finger *[c]*	finger
æble *[n]*	apple
spand *[c]*	pail

Puzzle #80

o	x	b	å	f	y	s	y	g	j	h	m	z	z	d	j	d	v	u	l	o	c	l	z	u
s	l	n	r	i	u	æ	x	h	n	s	i	j	t	w	å	g	b	z	c	o	z	w	f	k
v	d	i	k	y	i	e	y	m	j	v	f	a	ø	g	o	i	b	o	g	e	i	a	l	w
m	m	n	u	x	e	h	w	a	å	i	n	t	h	d	m	h	u	å	g	c	c	m	i	ø
g	g	æ	u	l	s	z	a	v	m	i	t	w	h	e	j	g	æ	x	o	i	d	u	k	l
p	t	æ	g	h	z	l	k	e	p	u	r	m	c	æ	a	å	d	j	k	c	m	p	y	s
b	m	o	s	e	v	c	c	s	j	x	c	f	a	r	w	d	p	g	f	k	h	z	t	g
i	n	e	t	y	n	n	o	k	z	t	r	b	n	f	h	c	a	m	o	t	s	s	f	y
k	z	g	l	j	g	æ	j	v	g	ø	o	a	i	å	y	e	h	z	l	s	g	s	f	m
e	x	æ	o	o	i	å	y	l	å	n	i	w	p	r	j	k	y	m	b	r	a	o	u	g
o	x	e	g	r	n	l	æ	h	e	g	o	n	s	i	æ	y	e	t	t	k	v	r	r	ø
o	s	l	m	w	f	n	v	x	w	d	g	o	u	å	o	å	n	o	å	f	v	f	c	n
j	c	i	n	ø	d	z	p	å	ø	a	f	l	a	k	b	v	a	r	å	r	å	v	w	r
h	g	l	ø	r	f	a	t	f	g	a	f	e	i	t	r	å	f	m	d	e	v	o	h	z
w	v	e	a	d	z	r	k	c	z	y	d	m	p	ø	k	v	t	o	e	v	c	t	j	e

Find all Danish and English words in the puzzle.

Danish	**English**
frø *[c]*	frog
hund *[c]*	dog
knogle *[c]*	bone
hyæne *[c]*	hyena
puma *[c]*	cougar
mave *[c]*	stomach
melon *[c]*	melon
hoved *[n]*	head
spinat *[c]*	spinach
tå *[c]*	toe

80

Puzzle #81

x	x	g	r	d	u	b	h	u	s	k	i	p	v	f	f	b	ø	g	f	f	u	a	ø	w
p	g	h	j	e	r	t	e	z	c	l	n	j	o	æ	s	r	c	c	å	f	å	i	w	n
f	g	i	o	m	n	u	a	n	w	e	g	h	e	p	h	d	h	p	i	s	z	s	s	x
ø	z	g	l	k	w	h	r	æ	c	m	l	o	e	g	w	t	a	w	t	l	b	l	e	w
p	t	æ	c	a	c	l	t	k	f	a	y	e	æ	å	a	h	i	ø	n	m	m	a	w	c
x	e	t	h	s	m	d	b	å	n	v	h	h	m	r	w	d	r	k	b	a	u	h	y	n
i	u	g	j	e	j	t	r	w	b	s	l	c	k	c	t	f	d	e	n	l	l	g	e	r
s	v	h	m	t	a	e	o	t	h	u	l	y	ø	æ	v	i	f	i	b	ø	d	e	x	p
p	s	æ	s	u	d	j	h	r	c	p	s	p	i	n	a	t	m	e	t	b	y	s	j	p
z	j	b	t	n	l	a	t	s	a	d	u	o	n	k	d	a	n	u	h	o	r	i	t	d
x	c	d	i	v	j	e	p	t	n	æ	b	o	b	h	l	l	e	g	f	d	u	p	v	t
k	y	k	z	x	p	o	z	o	i	w	c	r	w	l	x	u	e	o	k	y	u	s	ø	h
r	w	e	g	b	r	y	s	l	p	r	d	x	u	d	f	r	l	u	o	d	e	h	r	n
o	æ	w	æ	k	m	e	ø	i	s	l	å	å	s	d	e	y	d	æ	f	n	z	å	c	j
g	i	m	s	r	s	b	x	æ	d	n	m	h	r	d	i	z	u	b	t	b	u	a	y	p

Find all Danish and English words in the puzzle.

Danish	**English**
får *[n]*	sheep
muldyr *[n]*	mule
dyr *[n]*	animal
hjerte *[n]*	heart
stol *[c]*	chair
hals *[c]*	neck
spise *[v]*	to eat
spinat *[c]*	spinach
ben *[n]*	leg
krop *[c]*	body

Puzzle #82

r	a	z	r	h	k	r	s	o	p	c	m	e	g	u	u	f	n	f	s	d	e	e	j
b	v	i	z	b	t	r	e	r	o	x	v	ø	r	æ	j	e	s	l	e	r	æ	v	z	g
ø	b	h	a	k	e	g	x	i	a	m	p	æ	æ	o	r	s	r	r	o	p	l	k	o	ø
h	p	t	u	t	l	k	a	y	z	o	l	h	x	m	j	o	g	u	a	v	f	l	p	s
t	ø	t	s	r	f	c	t	b	s	o	b	ø	æ	b	k	s	g	s	v	å	w	ø	t	k
b	j	ø	u	w	g	t	i	u	s	r	t	e	h	a	o	a	p	g	s	ø	y	o	e	x
k	s	x	t	r	h	r	x	k	g	g	a	a	m	f	d	g	s	r	d	x	c	h	m	c
m	p	r	s	a	e	g	y	r	x	å	w	r	a	x	x	å	e	m	a	k	å	h	r	c
o	u	o	o	x	s	p	n	a	w	k	h	e	v	a	m	g	m	l	i	d	c	y	æ	r
o	f	a	k	r	c	k	m	u	o	c	p	t	ø	ø	e	r	v	n	å	a	i	k	w	m
r	u	å	g	p	x	n	e	ø	u	n	m	s	t	t	s	t	g	ø	m	u	v	s	d	z
b	r	a	d	i	s	h	ø	o	r	b	p	i	h	v	d	s	o	o	l	y	å	v	e	f
a	o	g	v	h	x	d	c	k	r	t	k	s	y	f	p	h	t	k	ø	c	i	å	b	c
t	b	e	ø	w	y	j	a	k	k	e	s	æ	t	c	u	s	e	j	f	u	i	a	x	l
æ	t	d	ø	h	g	o	n	l	h	c	a	i	f	k	y	u	l	e	j	e	u	b	t	k

Find all Danish and English words in the puzzle.

Danish	English
høg [c]	hawk
strømper [cp]	stockings
taske [c]	bag
værelse [n]	room
mave [c]	stomach
sofa [c]	couch
kost [c]	broom
jakkesæt [n]	suit
radise [c]	radish
søster [c]	sister

Puzzle #83

b	m	o	t	s	k	m	d	p	e	k	k	a	r	f	v	i	y	w	z	o	o	ø	u	m
f	s	l	j	c	å	å	c	r	c	g	c	a	å	s	e	l	n	a	e	u	j	w	d	s
j	t	t	t	z	r	a	ø	l	y	c	o	h	o	r	m	j	v	d	d	e	a	f	e	c
n	m	a	e	x	c	c	j	h	t	o	o	t	a	h	v	k	y	d	n	r	p	z	t	j
s	å	v	o	p	u	n	e	m	i	h	a	i	r	æ	m	s	x	b	b	t	j	c	f	v
r	æ	w	h	c	m	r	t	v	z	s	x	h	j	r	c	g	r	e	g	v	l	r	o	f
l	h	o	a	n	o	o	r	r	e	z	f	i	v	æ	y	z	d	r	i	y	p	h	m
e	c	r	r	m	t	p	t	m	å	w	l	n	r	p	n	w	z	æ	v	k	j	z	l	z
g	å	b	b	g	v	f	k	h	d	h	t	h	v	f	h	e	n	i	y	h	m	v	e	u
h	d	e	e	y	u	y	x	v	e	e	v	r	b	b	u	e	n	m	i	w	e	g	t	l
y	p	y	z	c	h	h	l	f	k	r	t	å	c	t	y	g	y	j	p	a	o	o	o	t
k	b	e	y	s	o	g	d	ø	g	j	y	s	s	d	r	k	f	e	l	c	t	j	h	æ
y	t	a	y	c	t	f	t	f	p	å	i	a	n	o	l	v	h	r	p	g	n	a	ø	å
ø	e	y	å	o	e	h	z	å	z	n	o	h	o	i	n	l	m	g	t	a	n	d	v	p
r	t	r	r	x	l	æ	a	c	u	g	x	m	x	a	k	z	m	ø	o	p	ø	c	v	æ

Find all Danish and English words in the puzzle.

Danish	**English**
hotel *[n]*	hotel
stue *[c]*	living room
frakke *[c]*	coat
stedmor *[c]*	stepmother
hår *[n]*	hair
zebra *[c]*	zebra
tand *[c]*	tooth
hofte *[c]*	hip
øje *[n]*	eye
øjenbryn *[n]*	eyebrow

Puzzle #84

x	d	u	h	o	d	m	æ	l	k	u	u	b	l	s	r	z	b	o	p	æ	j	p	m	u
i	v	k	j	h	j	v	w	æ	a	y	w	x	v	e	c	u	t	t	e	l	ø	d	t	n
g	r	s	k	i	n	o	u	e	å	p	g	a	f	j	p	ø	a	a	s	m	e	n	e	n
w	l	l	a	w	ø	w	r	i	v	n	c	c	a	h	n	s	ø	m	x	o	w	a	e	r
ø	ø	k	m	s	a	b	e	ø	h	g	ø	p	r	h	h	ø	ø	k	a	n	u	h	f	l
u	t	å	ø	æ	a	f	m	z	u	v	i	r	u	m	å	a	r	a	s	k	w	x	m	f
h	m	c	æ	j	æ	e	c	s	a	o	l	r	z	f	r	x	n	h	i	e	f	g	æ	z
v	y	o	h	y	e	h	c	æ	k	x	b	i	e	y	y	f	d	d	j	y	j	f	r	u
å	a	j	s	a	e	d	b	e	u	u	k	d	c	d	x	p	a	l	o	e	w	ø	s	x
j	u	k	b	s	i	s	p	s	m	i	l	k	n	o	l	æ	h	o	ø	a	i	d	a	u
j	h	t	t	n	w	r	r	æ	v	v	d	ø	a	b	u	g	t	ø	i	f	d	l	r
å	b	k	ø	g	r	c	i	o	c	v	z	c	e	l	y	j	o	s	å	h	m	e	a	c
a	o	x	a	æ	b	e	z	h	a	i	g	æ	a	r	f	b	t	h	o	d	y	r	t	a
w	h	j	å	v	v	å	z	c	d	l	j	z	e	s	å	l	p	z	s	w	a	l	å	y
r	o	l	k	p	a	ø	n	h	n	j	k	å	v	u	h	u	x	a	c	ø	p	s	j	y

Find all Danish and English words in the puzzle.

Danish	English
væg *[c]*	wall
skulder *[c]*	shoulder
abe *[c]*	monkey
salat *[c]*	lettuce
fødder *[cp]*	feet
mælk *[c]*	milk
stol *[c]*	chair
hest *[c]*	horse
hand *[c]*	hand
hud *[c]*	skin

Puzzle #85

u	m	s	s	c	e	l	i	d	o	c	o	r	c	d	ø	w	t	e	v	t	a	l	a	s
z	w	m	z	k	l	p	w	a	å	d	a	b	a	l	ø	o	k	f	æ	u	t	m	g	w
p	i	y	w	y	i	o	x	r	u	e	r	l	r	s	æ	o	z	y	y	o	n	z	n	m
z	z	s	e	n	t	n	t	m	p	æ	o	y	w	o	b	y	m	e	z	å	æ	s	h	a
j	x	z	e	c	y	a	d	h	k	r	e	p	æ	r	t	k	o	ø	x	p	a	h	h	m
t	e	v	s	d	u	k	t	t	e	h	e	n	n	c	w	h	u	z	v	ø	a	ø	k	m
d	a	l	m	o	e	t	i	x	a	s	s	b	i	w	u	t	e	j	k	t	o	u	n	j
f	y	h	l	d	y	h	t	l	m	a	å	c	j	ø	t	r	u	r	w	w	l	f	t	y
d	t	s	d	i	y	u	æ	e	g	m	e	u	v	n	s	s	t	n	z	u	j	z	ø	m
y	n	p	n	p	d	d	g	d	l	c	b	å	r	i	w	å	n	a	l	y	m	r	c	v
w	s	h	a	s	g	o	k	m	r	k	k	h	f	d	i	ø	c	l	i	s	e	s	d	x
g	r	v	t	d	j	r	k	e	u	i	x	b	g	r	t	w	f	t	p	n	l	o	f	w
s	r	o	f	u	g	l	a	o	b	j	b	o	i	a	r	w	i	b	u	e	s	å	y	o
r	z	j	r	r	u	m	g	n	r	e	p	s	s	g	z	m	b	j	u	w	z	x	f	w
m	z	h	v	b	i	z	f	i	e	k	w	r	t	t	j	n	w	p	r	z	æ	e	l	m

Find all Danish and English words in the puzzle.

Danish	**English**
tøj *[cp]*	clothes
hat *[c]*	hat
gardin *[n]*	curtain
salat *[c]*	lettuce
krokodille *[c]*	crocodile
fugl *[c]*	bird
bror *[c]*	brother
øre *[n]*	ear
is *[c]*	ice-cream
hud *[c]*	skin

Puzzle #86

m	ø	g	e	f	m	h	d	j	w	j	v	o	y	m	s	o	a	r	b	e	z	d	l	h
h	b	s	d	e	y	m	a	r	f	n	s	t	n	e	r	a	p	g	z	h	z	p	o	l
h	e	c	w	h	u	v	g	n	i	u	f	u	g	h	ø	e	c	u	t	t	e	l	k	l
p	l	i	y	c	s	o	e	s	d	k	æ	w	p	z	h	c	n	u	l	æ	a	s	n	z
h	d	a	r	l	r	y	s	i	v	n	k	d	u	w	r	o	o	m	c	w	w	o	i	f
r	p	i	i	å	d	u	s	a	z	f	d	e	g	l	k	i	b	m	m	ø	e	d	r	a
s	w	m	i	v	p	k	e	a	l	t	j	ø	k	w	o	f	t	i	i	z	n	t	d	t
f	k	e	g	æ	n	s	y	l	a	e	w	o	m	y	f	u	e	z	a	i	a	o	h
n	e	r	d	l	æ	r	o	f	p	a	t	g	o	l	f	c	r	f	h	h	a	l	t	e
x	f	w	h	h	d	o	e	t	z	i	d	f	p	u	t	h	d	o	o	g	æ	a	å	r
i	c	m	a	f	h	g	u	l	v	g	b	b	a	x	r	c	c	n	k	t	m	s	s	j
g	g	k	r	a	o	f	i	u	s	b	w	ø	o	d	g	w	h	u	m	o	k	s	t	l
o	h	ø	b	d	ø	r	l	æ	s	e	s	e	c	w	k	b	w	h	x	n	s	n	b	a
ø	h	g	e	e	a	w	k	æ	y	v	z	v	x	c	l	d	å	v	u	k	s	t	b	b
d	t	u	z	r	r	l	e	f	f	a	g	w	p	å	d	n	u	l	p	g	m	h	ø	u

Find all Danish and English words in the puzzle.

Danish	English
salatfad *[n]*	salad bowl
hand *[c]*	hand
zebra *[c]*	zebra
salat *[c]*	lettuce
frokost *[c]*	lunch
gaffel *[c]*	fork
drikke *[v]*	to drink
fader *[c]*	father
forældre *[cp]*	parents
værelse *[n]*	room

Puzzle #87

d	t	v	p	å	e	b	h	g	æ	t	f	n	y	r	p	c	o	h	j	z	p	l	o	i
t	t	n	a	w	r	r	e	b	j	b	r	ø	d	k	a	f	h	e	f	w	v	p	c	h
n	v	æ	d	e	t	l	å	x	d	r	f	s	s	j	n	l	r	k	t	k	t	e	h	u
æ	y	c	a	g	s	n	i	s	g	å	c	o	u	a	d	r	b	u	æ	s	c	j	c	y
c	g	d	k	n	c	i	v	s	i	h	a	f	r	t	e	d	z	c	c	r	e	o	f	å
f	æ	j	k	a	l	j	u	c	e	n	v	z	r	e	g	i	c	u	e	b	v	h	w	a
p	t	f	k	t	u	å	p	e	e	w	ø	i	y	c	h	w	j	a	m	å	p	g	a	l
g	n	p	e	h	y	a	k	t	s	v	m	ø	d	l	w	e	m	p	ø	m	r	p	b	u
h	t	h	p	ø	b	e	n	n	v	å	x	w	k	æ	a	w	a	j	å	v	v	r	o	m
o	z	z	z	n	n	h	r	ø	r	o	ø	f	j	c	ø	m	t	d	v	r	o	w	g	f
d	l	p	k	e	o	j	x	o	j	æ	r	h	y	s	d	g	i	å	d	t	ø	x	b	t
o	e	æ	k	p	k	c	b	h	r	y	v	p	e	s	r	o	h	n	h	v	z	o	d	j
h	å	s	z	x	w	e	k	v	x	b	d	p	g	x	j	æ	x	e	a	w	o	f	c	j
e	p	æ	b	t	l	o	k	z	w	g	m	n	j	b	å	z	r	f	v	d	v	g	a	å
n	ø	a	x	v	i	p	æ	b	æ	i	g	d	p	k	i	n	d	k	h	l	c	y	w	d

Find all Danish and English words in the puzzle.

Danish	English
ræv *[c]*	fox
is *[c]*	ice-cream
dyr *[n]*	animal
hest *[c]*	horse
brød *[n]*	bread
bror *[c]*	brother
pande *[c]*	forehead
kind *[c]*	cheek
ben *[n]*	leg
høne *[c]*	hen

Puzzle #88

g	k	p	v	l	j	b	w	f	y	n	a	d	u	s	c	z	x	z	y	i	c	r	r	r
n	x	j	l	p	w	r	n	k	o	m	f	u	r	a	æ	e	u	x	j	z	r	m	j	n
e	l	z	e	v	l	h	x	o	x	d	i	t	f	n	x	r	l	o	r	h	å	r	u	ø
s	z	i	t	e	o	e	å	t	o	ø	l	i	e	x	u	l	v	t	y	æ	h	k	j	a
r	i	b	a	u	o	y	y	u	b	b	n	g	e	i	i	p	k	f	d	m	m	e	e	o
e	c	e	s	z	l	r	s	e	k	g	l	x	s	a	e	s	a	v	m	d	å	v	j	e
g	o	e	e	h	a	n	u	k	e	d	n	k	n	i	a	r	b	w	e	o	o	a	e	j
n	f	p	d	v	m	å	o	r	e	x	i	r	b	p	w	f	y	b	h	t	k	l	m	k
i	y	z	l	æ	i	g	t	i	e	s	e	e	k	y	j	m	o	v	s	k	n	v	w	l
f	z	y	j	s	n	h	z	z	n	g	a	h	p	r	y	e	p	ø	e	y	f	p	d	h
z	t	ø	d	s	a	k	y	ø	n	å	å	v	v	d	t	g	l	s	d	ø	æ	h	v	j
å	n	i	a	b	u	b	i	i	v	c	s	p	n	n	a	s	æ	å	p	m	a	k	ø	æ
k	e	y	g	æ	h	f	p	k	j	u	w	g	f	t	t	a	e	n	r	e	j	h	æ
t	e	æ	x	j	y	å	v	r	r	å	i	g	u	l	y	p	a	j	æ	r	j	r	s	t
v	f	g	h	v	ø	æ	w	y	e	v	t	d	y	æ	j	w	h	z	t	x	æ	å	n	s

Find all Danish and English words in the puzzle.

Danish	**English**
dyr *[n]*	animal
negl *[c]*	fingernail
øje *[n]*	eye
hus *[n]*	house
seng *[c]*	bed
jakkesæt *[n]*	suit
finger *[c]*	finger
vase *[c]*	vase
hjerne *[c]*	brain
komfur *[n]*	stove

Puzzle #89

æ	b	r	e	a	d	k	c	e	i	m	f	h	b	j	b	u	p	a	s	r	x	å	c	å
g	l	k	c	u	d	å	z	i	n	f	b	t	c	p	f	ø	y	s	a	l	t	e	c	x
s	j	x	k	u	e	p	a	n	d	a	w	c	i	u	s	n	k	p	b	å	z	x	s	e
å	z	m	f	c	å	o	p	s	o	d	j	m	g	h	y	æ	e	y	a	h	k	b	f	h
a	p	w	f	p	f	k	t	e	k	ø	r	l	æ	b	d	g	b	w	n	c	u	ø	v	i
g	m	w	n	a	r	a	w	j	a	w	a	ø	l	æ	ø	r	z	z	a	y	a	s	s	x
n	l	s	w	n	g	u	o	g	a	c	y	d	i	å	r	l	a	r	n	d	f	a	p	c
u	u	å	i	d	g	j	b	d	h	c	h	l	n	l	b	ø	g	p	a	e	m	l	v	k
l	n	p	k	a	f	s	g	p	k	s	ø	y	c	m	s	p	v	j	r	a	g	t	n	g
u	g	u	d	n	a	æ	d	u	d	p	s	k	c	a	ø	e	l	s	j	m	m	a	k	n
h	e	n	n	b	c	l	å	æ	e	a	r	p	m	h	c	m	k	y	w	h	n	k	ø	o
a	n	e	e	k	l	x	o	k	l	n	i	a	v	å	g	e	p	o	n	a	p	m	z	h
k	w	t	r	d	e	n	p	y	i	d	j	a	l	y	n	o	h	å	b	i	æ	y	o	l
l	i	a	p	c	n	h	w	u	l	y	x	a	f	v	g	g	i	o	c	m	m	d	j	y
h	j	e	b	o	v	w	v	r	p	a	t	n	n	c	y	d	r	i	b	d	v	j	m	c

Find all Danish and English words in the puzzle.

Danish	English
fugl *[c]*	bird
pyjamas *[c]*	pyjamas
spand *[c]*	pail
lunge *[c]*	lung
banan *[c]*	banana
and *[c]*	duck
fersken *[c]*	peach
panda *[c]*	panda
salt *[n]*	salt
brød *[n]*	bread

Puzzle #90

b	u	d	e	f	w	b	z	v	f	b	h	x	j	p	z	p	l	y	j	v	i	n	k	k
n	c	p	u	u	o	w	d	p	u	x	a	p	c	t	s	h	i	r	t	v	s	ø	v	å
æ	m	p	p	n	b	v	l	e	r	t	e	t	f	o	h	h	y	o	e	c	o	c	ø	l
æ	j	r	j	å	k	l	p	b	n	s	f	k	n	i	å	i	u	t	z	d	e	m	m	æ
y	i	d	t	l	m	f	a	p	g	s	l	f	i	r	p	p	x	s	c	a	g	j	s	æ
l	ø	w	i	æ	t	y	u	m	c	a	e	p	h	å	y	e	c	u	t	t	e	l	h	f
b	t	m	l	p	t	p	p	u	æ	l	h	x	c	å	c	f	c	v	m	z	w	f	p	i
e	u	k	b	ø	p	h	x	t	v	a	s	r	u	w	u	n	v	r	f	æ	y	z	i	s
n	l	ø	a	r	i	j	c	s	e	t	o	d	o	y	i	e	h	x	r	æ	f	s	g	i
n	p	b	e	b	l	u	o	h	b	a	t	b	y	j	x	g	y	m	v	u	w	m	z	r
w	m	k	o	f	u	g	y	i	æ	s	e	a	f	y	a	a	l	i	x	e	f	a	l	p
t	t	x	u	w	i	z	å	r	l	c	k	a	h	b	y	h	d	n	g	l	k	s	ø	t
k	h	o	r	æ	r	n	c	t	i	c	s	a	a	j	p	x	e	s	d	d	x	i	f	l
l	ø	w	w	p	z	p	k	r	x	l	b	l	b	u	k	w	s	l	z	p	p	g	c	i
h	f	r	o	r	n	r	p	y	å	b	p	c	å	k	i	d	l	t	y	æ	f	f	å	y

Find all Danish and English words in the puzzle.

Danish	English
hage *[c]*	chin
hylde *[n]*	shelf
albue *[c]*	elbow
salat *[c]*	lettuce
t-shirt *[c]*	T-shirt
kniv *[c]*	knife
hofte *[c]*	hip
pris *[c]*	price
læbe *[c]*	lip
mælk *[c]*	milk

Puzzle #91

n	v	n	u	r	x	v	z	p	v	l	w	æ	r	y	t	å	m	f	c	ø	c	r	k	r
d	h	i	l	i	u	y	r	e	æ	t	j	x	c	o	x	i	s	j	d	u	d	m	t	l
n	g	d	æ	p	n	k	w	e	v	p	a	n	i	r	w	w	b	g	a	b	m	y	l	i
a	a	j	r	r	a	t	å	h	w	c	g	z	x	y	c	p	l	b	c	h	f	ø	d	r
h	v	t	r	o	t	t	e	s	g	p	c	n	l	h	f	å	r	p	a	r	c	p	w	j
c	b	å	o	j	c	å	t	m	e	æ	o	r	a	w	r	a	b	e	r	r	y	æ	k	g
b	m	d	l	a	d	h	h	x	l	c	a	n	n	f	w	t	z	æ	å	s	w	c	m	h
c	t	æ	k	r	a	æ	f	c	p	e	d	u	o	a	p	f	y	y	d	r	s	k	ø	e
b	k	e	c	n	e	v	l	å	a	n	j	l	j	b	m	s	k	v	k	x	o	r	s	å
r	z	ø	i	h	g	s	a	w	x	m	m	b	e	m	x	r	e	z	e	e	r	f	h	r
j	u	n	k	z	i	æ	y	i	o	g	o	n	m	a	w	g	å	m	b	e	æ	j	d	m
k	a	i	o	f	l	a	h	r	u	u	c	t	u	v	a	m	b	å	d	l	æ	c	k	o
k	m	m	æ	m	d	o	l	t	f	u	t	k	s	e	x	t	o	g	i	b	f	w	a	a
p	n	v	i	o	i	m	a	f	t	w	f	z	m	n	g	å	r	t	t	a	g	i	g	i
w	j	t	w	j	t	g	c	æ	l	n	ø	w	s	f	e	f	d	g	k	t	k	a	e	s

Find all Danish and English words in the puzzle.

Danish	**English**
kanin *[c]*	rabbit
tidlig *[adj]*	early
hand *[c]*	hand
mave *[c]*	stomach
fryser *[c]*	freezer
ben *[n]*	leg
får *[n]*	sheep
rotte *[c]*	rat
bord *[n]*	table
kage *[c]*	cake

h	s	j	w	h	u	l	d	a	c	s	i	d	n	i	s	u	o	c	r	e	v	i	t	y
å	e	p	p	æ	t	l	ø	t	e	k	n	a	l	b	y	w	h	u	å	j	h	æ	p	y
m	t	g	a	p	f	b	m	y	u	u	s	g	n	j	u	t	n	w	v	n	y	a	c	
ø	g	n	å	z	r	h	a	u	n	k	n	a	d	o	c	j	n	j	t	d	d	g	a	z
h	b	i	e	i	x	b	d	w	n	n	a	p	p	l	e	y	y	e	r	å	i	i	o	
k	a	l	s	w	g	t	s	a	g	a	f	o	s	d	s	u	k	r	o	u	w	y	j	i
y	j	v	c	a	n	a	b	e	o	e	æ	v	w	m	b	t	v	r	g	i	f	v	c	k
z	h	æ	e	x	e	w	k	æ	å	e	r	f	b	d	r	i	u	o	j	m	l	b	m	æ
p	c	r	c	e	r	b	z	i	c	o	u	c	h	g	t	e	l	j	x	k	d	n	a	t
y	p	g	l	r	i	y	s	u	s	e	l	k	c	e	r	f	t	k	a	x	s	t	r	p
r	b	b	e	l	s	x	j	l	h	n	x	t	r	o	b	b	c	t	f	b	w	r	u	u
m	x	t	d	a	e	r	b	y	f	l	v	u	t	e	e	t	h	a	æ	ø	h	y	y	ø
k	a	l	o	i	z	a	h	t	o	o	t	d	r	s	æ	w	w	h	z	f	r	k	l	u
w	r	k	d	c	r	k	c	s	æ	p	z	v	a	n	d	h	k	o	s	h	æ	m	p	j
c	r	l	æ	c	n	m	b	i	c	x	z	p	d	ø	r	b	s	o	o	æ	b	l	e	v

Find all Danish and English words in the puzzle.

Danish	English
grævling *[c]*	badger
fregner *[cp]*	freckles
sofa *[c]*	couch
brød *[n]*	bread
tænder *[cp]*	teeth
æble *[n]*	apple
tæppe *[n]*	blanket
vand *[n]*	water
fætter *[c]*	cousin
tand *[c]*	tooth

Puzzle #93

h	u	k	y	a	m	t	r	i	h	s	å	f	r	o	e	h	p	y	ø	g	g	æ	d	c
r	b	c	l	j	z	s	v	ø	j	s	æ	o	z	d	k	d	å	l	b	n	m	y	p	w
a	b	o	z	l	b	w	c	c	t	z	r	l	g	o	r	f	n	s	l	å	z	w	k	h
y	n	s	h	c	h	u	c	e	a	b	e	r	å	a	w	y	t	a	k	b	b	b	l	x
u	s	m	d	r	i	b	p	l	d	b	w	y	t	w	z	y	g	k	p	j	n	z	g	r
y	d	r	e	h	c	b	å	e	ø	h	t	g	n	g	j	i	c	c	r	d	o	s	u	a
z	a	å	j	n	r	v	t	g	p	x	p	a	i	h	z	p	p	e	w	u	d	r	f	f
n	å	z	k	o	f	s	p	c	y	k	e	y	d	z	s	y	t	f	å	a	c	c	t	d
u	b	t	t	v	t	o	h	h	b	p	a	t	r	b	x	s	o	u	e	l	u	c	å	e
n	p	h	æ	z	z	z	å	g	c	i	x	d	a	æ	i	r	t	h	n	g	r	m	n	s
j	e	ø	d	å	o	w	l	b	t	f	r	f	g	s	e	f	e	i	c	o	t	å	e	a
r	r	z	h	a	g	i	å	w	a	y	w	z	å	t	l	r	x	x	w	l	a	ø	e	a
f	d	l	p	h	d	s	d	j	x	p	n	j	s	w	o	a	p	g	x	ø	i	b	e	j
i	k	s	x	v	v	w	n	a	a	å	c	ø	r	f	t	æ	i	p	w	d	n	m	a	z
r	a	d	i	o	l	z	æ	u	r	t	s	i	p	x	y	x	z	z	y	æ	r	l	å	ø

Find all Danish and English words in the puzzle.

Danish	English
stedbror *[c]*	stepbrother
taxa *[c]*	taxi
gardin *[n]*	curtain
far *[c]*	dad
frø *[c]*	frog
pande *[c]*	forehead
radio *[c]*	radio
skjorte *[c]*	shirt
fugl *[c]*	bird
søster *[c]*	sister

Puzzle #94

v	h	u	z	r	j	t	w	m	ø	w	å	æ	k	a	p	w	ø	å	d	h	e	å	s	y
n	p	n	o	o	m	w	c	u	ø	s	l	h	p	å	l	å	u	y	x	f	b	c	æ	y
b	h	s	ø	h	a	n	d	s	k	e	æ	u	o	g	m	l	l	h	u	s	k	a	å	j
v	i	p	f	t	v	e	j	ø	l	n	a	d	l	a	m	f	i	p	x	u	i	e	s	p
n	l	t	b	u	z	k	s	j	i	a	l	v	o	b	e	æ	g	g	f	ø	f	l	u	y
i	b	s	p	c	x	x	ø	æ	u	l	l	d	o	l	i	i	c	å	z	k	g	i	t	
t	æ	o	r	n	i	s	i	a	r	p	i	u	p	å	ø	t	ø	t	y	t	v	u	o	b
u	v	e	f	ø	k	ø	y	i	b	r	g	n	g	p	i	p	n	f	d	f	o	å	e	ø
n	v	j	v	å	p	x	j	f	z	i	a	m	n	g	i	c	e	e	h	j	e	r	n	e
a	t	p	o	o	n	u	w	s	p	a	t	n	i	n	f	y	e	m	k	e	s	l	w	o
e	a	t	e	e	l	d	j	m	æ	n	o	i	m	a	z	j	b	c	m	o	x	f	r	n
p	s	i	h	y	t	g	m	x	j	æ	r	a	m	v	j	æ	d	s	r	ø	k	b	ø	n
t	k	p	g	l	p	æ	v	f	x	n	æ	r	i	m	v	m	d	e	b	e	v	h	j	l
p	e	u	s	b	y	å	r	i	h	s	s	b	w	g	e	k	p	i	i	p	a	s	v	y
a	d	j	j	o	r	d	n	ø	d	ø	ø	o	s	g	e	v	l	s	z	t	p	m	i	r

Find all Danish and English words in the puzzle.

Danish	English
svømmepøl *[c]*	swimming pool
handske *[c]*	glove
fly *[n]*	airplane
rosin *[c]*	raisin
jordnød *[c]*	peanut
alligator *[c]*	alligator
is *[c]*	ice-cream
taske *[c]*	bag
hjerne *[c]*	brain
ugle *[c]*	owl

Puzzle #95

n	y	u	l	o	l	v	w	s	a	p	i	w	m	x	b	l	c	r	å	v	m	s	e	m
u	h	a	o	n	b	t	r	m	d	c	k	d	k	y	f	z	h	o	e	m	m	b	p	o
m	g	z	d	h	s	u	m	z	p	k	r	n	r	y	v	h	z	c	h	p	s	ø	b	n
k	å	p	u	c	å	æ	c	c	n	i	æ	i	d	d	b	h	e	v	j	k	c	i	å	k
p	j	z	h	p	p	c	x	h	y	w	v	k	e	v	h	i	b	ø	r	w	h	p	x	e
b	a	w	g	y	c	o	p	e	g	ø	g	j	c	b	n	u	w	u	ø	i	y	f	æ	y
e	e	s	å	x	l	i	t	e	l	m	a	z	e	a	v	o	n	w	y	s	t	g	p	x
k	u	l	t	f	l	m	å	k	o	s	b	a	i	d	b	h	a	t	b	s	g	y	f	w
s	b	p	z	r	z	c	n	p	v	y	b	h	n	l	x	e	u	r	h	æ	k	i	u	æ
d	l	x	u	v	y	h	l	i	e	e	k	z	e	å	x	v	c	i	e	g	x	h	å	s
n	a	i	d	f	d	s	a	l	t	k	m	o	u	s	e	o	r	h	c	p	å	g	x	f
a	ø	e	p	t	l	a	s	h	r	t	e	n	r	s	æ	t	a	s	m	å	n	x	i	å
h	o	o	y	f	k	z	b	d	s	k	e	o	t	å	w	å	j	t	o	r	p	æ	y	g
a	k	p	d	h	h	r	o	k	l	k	z	r	t	a	v	x	k	f	x	b	j	m	i	g
r	j	å	k	x	n	d	z	j	t	l	å	c	z	b	r	i	d	t	z	b	ø	a	c	c

Find all Danish and English words in the puzzle.

Danish	**English**
kop *[c]*	cup
niece *[c]*	niece
bagværk *[n]*	pastry
kind *[c]*	cheek
mus *[c]*	mouse
abe *[c]*	monkey
t-shirt *[c]*	T-shirt
handske *[c]*	glove
albue *[c]*	elbow
salt *[n]*	salt

Puzzle #96

z	b	r	e	a	d	l	æ	t	r	s	h	o	w	e	r	d	y	p	o	t	e	e	h	s
h	r	r	p	w	c	o	x	b	v	æ	p	o	w	b	g	m	v	z	p	j	l	m	u	å
t	u	e	x	ø	e	c	æ	z	r	m	c	y	u	z	o	y	m	w	r	i	t	l	k	n
i	p	t	m	l	t	k	r	a	z	ø	l	å	x	o	b	r	n	e	x	h	v	p	k	b
h	y	z	i	t	s	z	k	x	j	x	d	v	r	æ	w	w	a	i	æ	g	æ	r	l	z
k	t	e	z	h	o	f	i	x	z	o	c	b	j	m	h	ø	n	g	v	w	g	z	e	m
o	c	h	e	z	k	a	f	s	n	g	c	å	l	h	f	å	c	h	v	å	t	b	o	b
p	p	å	b	n	n	k	s	k	r	n	d	ø	i	y	g	å	z	t	æ	k	r	j	v	o
g	o	e	r	t	f	j	e	z	t	u	n	b	ø	æ	g	v	s	m	c	a	s	n	k	o
p	u	c	a	a	o	l	æ	h	w	n	a	p	i	p	x	t	c	r	m	a	h	c	b	n
j	æ	å	k	o	o	æ	s	b	å	c	v	b	h	m	d	p	g	o	l	y	u	v	k	p
æ	x	p	g	s	r	v	r	z	z	l	æ	o	j	v	ø	m	v	b	o	d	å	k	d	l
k	x	v	d	d	ø	k	y	v	f	e	x	r	r	l	y	t	a	g	ø	m	c	v	p	b
c	z	n	å	o	d	d	s	ø	w	f	w	s	t	r	u	z	w	h	r	s	k	i	a	e
s	i	c	ø	z	g	p	a	m	s	a	h	u	g	b	z	o	p	u	g	e	j	d	e	o

Find all Danish and English words in the puzzle.

Danish	**English**
zebra *[c]*	zebra
brød *[n]*	bread
and *[c]*	duck
kop *[c]*	cup
onkel *[c]*	uncle
kost *[c]*	broom
tag *[n]*	roof
vægt *[c]*	weight
bad *[n]*	shower
ark *[n]*	sheet

Puzzle #97

w	h	å	p	t	i	b	c	h	å	ø	æ	o	p	e	r	b	ø	d	i	p	d	i	u	m
o	s	j	e	s	y	y	j	w	v	l	a	z	g	ø	m	n	e	m	p	t	i	t	v	z
c	b	e	z	y	k	ø	c	j	f	e	k	n	t	i	f	m	x	i	j	å	m	s	x	j
b	f	h	u	ø	u	x	æ	d	f	g	a	v	m	t	e	e	t	h	r	s	n	a	k	e
w	i	n	d	o	w	y	s	g	o	l	a	c	l	f	j	r	e	s	u	z	d	b	w	s
n	f	r	e	g	n	e	r	t	s	j	d	p	h	n	k	u	i	æ	w	u	l	l	s	t
p	u	s	y	h	y	i	f	r	e	c	k	l	e	s	z	c	m	y	p	f	t	s	v	o
w	h	p	i	j	h	f	x	e	n	r	o	r	e	b	d	r	a	p	o	e	l	t	f	t
r	t	a	h	h	a	n	l	w	n	v	f	e	u	p	r	f	h	u	j	o	s	n	p	h
l	n	h	i	a	u	m	s	e	m	o	k	d	d	d	l	a	i	æ	s	x	n	l	c	r
s	f	r	å	r	o	s	g	w	o	d	b	d	n	d	g	a	g	n	d	r	a	p	y	e
h	e	e	ø	r	a	ø	t	l	e	p	f	ø	i	w	c	g	z	z	b	r	x	p	æ	d
z	m	m	f	j	u	å	l	r	a	p	a	f	v	b	æ	l	e	x	z	d	æ	h	b	n
x	r	g	k	i	b	c	ø	m	u	n	c	r	å	y	f	e	l	g	o	n	k	n	u	æ
d	f	a	h	l	w	d	u	c	d	å	v	f	d	f	r	h	i	ø	s	n	f	g	j	t

Find all Danish and English words in the puzzle.

Danish	**English**
æg *[n]*	egg
hustru *[c]*	wife
vindue *[n]*	window
fødder *[cp]*	feet
slange *[c]*	snake
fregner *[cp]*	freckles
tænder *[cp]*	teeth
knogle *[c]*	bone
hår *[n]*	hair
leopard *[c]*	leopard

Puzzle #98

c	æ	o	f	m	g	r	r	a	n	h	p	b	ø	y	a	x	a	t	d	d	e	g	j	k
v	c	t	o	r	p	f	i	b	j	s	f	e	y	v	s	b	c	e	i	y	p	c	æ	a
b	ø	z	f	h	e	z	n	e	k	x	o	v	r	ø	u	w	o	z	e	y	t	r	v	s
p	k	v	m	s	c	e	m	w	p	i	j	e	f	å	a	n	r	s	m	m	h	p	f	u
r	i	a	h	m	s	m	z	s	e	o	v	r	d	e	h	b	a	y	b	o	s	f	f	g
x	ø	o	å	b	e	h	z	e	f	n	k	a	z	o	å	v	p	v	i	f	r	n	w	a
r	f	g	c	s	t	å	y	u	r	r	u	g	i	n	å	a	z	å	l	l	u	j	g	r
s	n	a	k	c	r	n	ø	o	k	p	y	e	z	y	u	e	v	c	l	b	o	o	r	y
l	p	o	f	l	o	d	h	h	v	r	o	s	r	e	e	d	s	j	e	n	å	e	r	ø
i	r	r	d	l	j	l	j	m	å	b	å	g	e	x	ø	b	e	a	t	f	t	ø	r	u
p	e	m	r	c	h	e	u	h	j	t	x	a	n	r	y	w	x	æ	v	y	h	i	l	a
p	k	u	c	o	z	d	y	y	æ	w	i	d	t	k	n	i	r	d	t	k	u	m	k	l
e	k	c	g	m	æ	p	g	m	y	m	x	r	r	å	a	l	e	l	h	x	m	å	æ	a
r	u	j	ø	s	i	w	r	i	s	t	a	z	x	h	w	t	g	x	p	t	z	p	t	æ
s	s	s	x	k	f	m	h	l	j	l	t	n	g	h	a	t	e	k	c	i	t	a	a	t

Find all Danish and English words in the puzzle.

Danish	English
hjort *[c]*	deer
hår *[n]*	hair
vase *[c]*	vase
fryser *[c]*	freezer
billet *[c]*	ticket
taxa *[c]*	taxi
drink *[c]*	beverage
sukker *[n]*	sugar
hjemmesko *[cp]*	slippers
håndled *[n]*	wrist

Puzzle #99

s	g	a	ø	i	v	g	d	c	m	i	t	t	d	e	e	j	g	a	ø	s	w	ø	t	ø
n	b	r	o	z	å	d	n	a	a	æ	m	i	å	b	y	h	r	y	l	l	f	s	l	x
a	i	e	b	s	x	i	a	y	l	l	i	t	å	z	b	æ	t	u	å	i	f	l	a	a
k	j	n	ø	f	å	k	t	a	l	f	s	g	ø	b	y	e	r	j	n	m	e	z	s	æ
e	h	e	d	æ	l	k	r	ø	t	v	r	w	d	x	v	n	w	i	i	s	l	y	b	x
z	j	o	ø	m	g	o	z	v	ø	e	n	a	n	n	r	r	s	ø	o	j	ø	e	k	t
e	h	o	c	g	r	b	t	e	a	c	g	j	c	t	i	v	e	o	t	f	z	e	v	æ
l	ø	g	b	h	u	y	n	u	p	o	j	u	m	s	t	k	g	b	n	v	u	v	y	b
n	x	k	c	o	p	e	s	g	u	a	p	m	r	ø	l	a	å	z	m	r	p	j	s	p
w	c	e	g	r	ø	n	t	s	a	g	r	c	ø	k	a	d	w	r	d	u	z	n	r	h
i	y	e	d	s	k	x	x	m	g	k	r	g	g	r	s	f	u	i	o	y	c	a	j	v
k	e	h	d	d	a	p	f	l	t	e	u	c	x	u	f	e	j	j	s	j	g	u	x	c
å	c	c	å	j	g	n	e	c	æ	h	u	k	y	g	t	e	n	k	z	s	å	å	c	o
w	x	h	n	æ	p	c	u	o	b	g	n	t	v	a	e	l	b	a	t	e	g	e	v	h
n	o	i	n	o	x	ø	t	o	o	t	h	p	b	e	g	n	a	l	s	p	ø	h	y	f

Find all Danish and English words in the puzzle.

Danish	**English**
slange *[c]*	snake
tørklæde *[n]*	scarf
agurk *[c]*	cucumber
grøntsag *[c]*	vegetable
kind *[c]*	cheek
drue *[c]*	grape
salt *[n]*	salt
gås *[c]*	goose
løg *[n]*	onion
tand *[c]*	tooth

Puzzle #100

f	ø	c	g	g	n	x	z	h	a	v	k	w	s	c	e	v	r	c	u	b	e	ø	æ	o
x	c	o	o	w	ø	a	m	p	n	å	e	s	l	e	r	æ	v	z	ø	c	å	s	x	d
ø	h	t	a	d	ø	j	d	o	m	b	k	f	b	g	n	u	f	a	e	m	i	x	v	v
a	n	j	t	g	r	æ	v	g	d	v	i	n	k	u	e	o	j	p	ø	o	n	a	k	r
w	v	æ	å	l	c	d	d	w	i	e	l	x	o	u	h	d	n	l	c	o	å	d	e	n
s	c	p	f	z	n	e	j	i	i	j	r	z	d	d	j	a	r	v	e	r	b	h	u	p
y	b	o	c	a	å	z	k	x	m	å	g	e	u	u	n	e	m	o	j	e	t	r	j	u
j	d	s	ø	r	x	d	e	o	c	u	w	v	p	h	t	f	m	o	d	o	e	c	v	t
p	u	f	v	f	b	l	f	f	n	y	k	a	t	y	w	i	r	s	m	æ	o	v	o	g
e	f	s	r	u	v	w	h	e	a	c	r	o	h	h	x	c	t	d	e	v	x	d	f	m
a	j	f	l	o	z	f	m	n	u	å	e	f	y	a	j	e	n	f	a	p	g	s	n	u
ø	f	l	p	m	g	ø	y	d	k	ø	h	y	t	n	m	a	i	r	x	ø	r	l	j	r
a	i	a	h	j	o	c	c	ø	c	u	t	k	i	o	r	n	d	å	a	y	c	r	d	l
s	o	d	w	y	x	f	n	e	y	å	o	k	r	g	k	b	w	u	t	z	t	b	i	f
d	v	i	g	j	d	z	f	l	y	r	m	f	j	y	o	u	g	z	k	v	x	b	d	p

Find all Danish and English words in the puzzle.

Danish	**English**
taxa *[c]*	taxi
bedstemor *[c]*	grandmother
and *[c]*	duck
tyr *[c]*	bull
værelse *[n]*	room
ræv *[c]*	fox
moder *[c]*	mother
kniv *[c]*	knife
ged *[c]*	goat
menu *[c]*	menu

About the Author

Erik Zidowecki is a computer programmer and language lover. He is a co-founder of UniLang and founder of Parleremo, both web communities dedicated to helping people learn languages. He is also the Editor in Chief of Parrot Time magazine, a magazine devoted to language, linguistics, culture and the Parleremo community.

Made in the USA
Monee, IL
20 January 2021